「うまくいかない」ことが「うまくいく」に変わる！

発達障害のある子どもがいきいきと輝く「かかわり方」と「工夫」

児童精神科医
岩坂英巳
作業療法士
宮﨑義博

幻冬舎 MC

「うまくいかない」ことが「うまくいく」に変わる!

発達障害のある子どもがいきいきと輝く「かかわり方」と「工夫」

はじめに

発達障害という言葉がメディアなどを通じて広く知られてきたことで、授業中じっとしていられなかったり、集団行動が苦手だったりという、これまで「クラスでも手のかかる子」として見過ごされてきた子どもに、「障害があるのでは?」と教員や親といった周囲の大人が気づくケースが増えています。

文部科学省の「令和元年度通級による指導実施状況調査」によると、「通級(障害のある子どもが通常学級に在籍しながら、障害の状態に合わせて特別な指導を受けられる教室)」に通う子どもの数が年々増加しているなかで、特に注意欠如・多動症(ADHD)、学習障害(LD)、自閉スペクトラム症(ASD)などの発達障害の子どもの割合が高くなっています。

また、「平成24年度通常の学級に在籍する発達障害の可能性のある特別な教育的支援を必要とする児童生徒に関する調査結果」では、通常学級に在籍する児童の約6・5%が発達障害の可能性を示唆する「学習面又は行動面で著しい困難を示す」という報告がなされています。40人のクラスであれば2人以上が発達障害の可能性があるということになります。

児童精神科や小児神経科のある病院に「この子は発達障害ではないか」と診察を受けにくる親

子も増加傾向にあり、診断のつくケースが増えています。私の勤務する病院「ハートランドしぎさん子どもと大人の発達センター」でも、親が「育てにくさ」「支援を受けさせたい」などの子どもについての困りごと、大人が自身の「生きづらさ」の原因と対処法を知りたいなどの困りごとで、平成30年度だけでも350名以上の新たな受診がありました。

発達障害のある子どもは、特定の物へのこだわりやコミュニケーションの困難、注意・集中の困難、多動性などがあるため、「通常の育児」ではうまくいかない「育てにくさ」があります。例えば、話しているときに目線が合わない、話を最後まで聞かない、いきなり予想のつかない行動をする、「あれ」や「それ」といった指示語が分からないなどです。そのため、親は「何度教えてもできない」「子どもが何を考えているか分からない」「コミュニケーションが取れない」など、接し方に悩みを抱えてしまうのです。

このように、発達障害のある子どもへの接し方が難しい理由には、本人の行動や気持ちを理解することが難しい点にあります。

例えば、ＡＤＨＤの診断がついている子どもが、学校の授業中に席を立ってしまう場合、それがＡＤＨＤの衝動性によって動いているとは限りません。音や光に過敏で小さなパニックを起こしている場合もあれば、姿勢のバランスが未熟なために座る行為そのものが苦手な場合もあります。授業が退屈であったり、「どうせ分からない」と諦めモードになったりしている場合もあります。また、ＡＳＤの診断がついている子どもが、人を傷付ける言葉を口にしてしまったときに、「ＡＳＤ

だから相手の気持ちが分からない」「友達に興味がない」などとレッテルを貼られがちですが、相手の子どもに興味がある、仲良くなりたいなどの気持ちから、その言葉が相手を傷付けるとは思わずに喋ってしまうという場合もあります。一人ひとりの個性も発達の特徴もまったく違うので、「この診断名なら、この方法」といった単純な答えがないのです。「この子は、今、ここで、どのような気持ちで、その行動を起こしたのか」ということが分からなければ、あるいは分かるようにしようとしていかなければ、その子に合った接し方をするのは困難です。

それでもなんとか答えを探そうと、書籍やインターネットの情報を参考に試行錯誤を重ねる親は多いのですが、これらの情報をそのまま当てはめてパターン的な関わりをしても、うまくいかないことが少なくありません。それは子どもの行動を「診断メガネ（ＡＳＤだから・ＡＤＨＤだから）」といった先入観で理解しようとしてしまい、行動に影響を与えたほかの要因を見落としたり、気持ちを聞きそびれたりしてしまって、接するときに大切な「行動と気持ちの理解」がずれてしまうからです。

目の前の子どもの置かれた状況から、何に困っているのかを理解し、そのときの子どもに適した接し方をしなければ、子どもたちの生活はどんどん「生きづらい」ものになり、「何をやってもうまくいかない」「叱られてばかりいる」と感じるようになってしまいます。そうした経験が増えると、やがて自尊感情が低下し、不登校やうつ、反抗といった二次的障害に陥る可能性が高まってしまう危惧が指摘されています。親も頑張れば頑張るほど、「育てづらさ」に悩み、自身を責めてしまいがちになってしまいます。

私は、児童精神科医として約10年大学病院で外来、入院診療に携わっていましたが、診断名に沿う治療だけでは、本人の日常の生活のなかでの困りごとを十分に改善できないことに悩んでいました。そうしたなか、病院を訪れる子どもたち（今と違って中高生が大半）に共通するものとして、ソーシャルスキル（生活技能、社会性）の弱さ、自尊感情の低さがあることに気づきました。早い段階でソーシャルスキルを伸ばす訓練ができれば、この子たちの生きづらさは軽減するのではと考えました。

しかし、当時日本では成人統合失調症へのソーシャルスキルトレーニング（ＳＳＴ：Social Skills Training）が注目を浴び全国で実施されていましたが、子どもへのＳＳＴは医療機関では実施されていませんでした。そこで、ＳＳＴで有名な米国カリフォルニア大学ロサンゼルス校（ＵＣＬＡ）に留学して、1年間子どものＳＳＴを学ぶ機会を得ました。その留学中に、子どものスキルを伸ばすには、親へのParent Trainingも行うべきだとボスに教えてもらい、ペアレントトレーニング（ペアトレ）にもみっちり参加しました。また、長男が通っていた現地のKindergarten（幼稚園）にボランティアで約半年間園児のサポーターとして入ることができたのも、貴重な体験でした。

帰国後は、大学病院、リハビリ病院、教育大学に勤務しながら、一貫して子どもの診療、そしてＳＳＴとペアトレを続けてきました。子どもにとって非日常の場である病院の診察室だけでなく、より日常の場に近いリハビリテーションや教育の現場で働けたことは、とても有意義でした。

そして、平成28年4月からは一般財団法人信貴山病院ハートランドしぎさんの「子どもと大人の発達センター（以下、発達センター）」にセンター長として着任し、ほかの医師や作業療法士、心理士、精神保健福祉士、看護師、元教師など、さまざまな専門職のスタッフとのチーム医療によって、発達障害のある子どもの治療とトレーニングを行うとともに、教育、保健、福祉、そして就労支援機関等との連携にも力を入れています。

これまでの経験から、発達障害のある子どもの困りごとを減じて、生活の場でのチカラを高めるためには、子どもを中心に据えつつ、親だけでなく、学校、そして専門機関、専門家が一体となって、一人の子どもの特性、特に生活の場での困りごとの背景を共有し、言葉のかけ方や身体への刺激など、その子に適した「接し方」を理解し、実践することが重要と考えています。

授業中に席を立ってしまう子どもの場合、動きたいという衝動によるものであれば、その欲求を別のもの（プリント配り係など）で解消させる、音や光に過敏さがあればサングラスやイヤーマフで刺激を抑える、そして、学習面の配慮や本人の気持ちに寄り添うことなど、さまざまな工夫、接し方が考えられます。さらに、できているときに本人を褒めるなどの接し方も意識することで、授業に参加できる機会が増えて学習面や対人面での好影響も期待されます。

こうした本人の困りごとに沿った工夫をすることで、子どもたちは落ち着いて座って、授業に参加できるようになります。親や周囲の人が理解を深め、その子に合った「接し方」で子どもを導くことで、その子の「生きづらさ」は軽減するとともに、親の「育てづらさ」も軽減して、本人の成長を期待することができるのです。

発達センターでは、医療的な検査や治療をベースに行っています。さらに専門プログラムとして、社会的な関わり方を学び、身につける「SST」、子どもに合った接し方を親が学び、身につける「ペアトレ」、対人関係や学習面の困難の原因を感覚や運動面から考えていく「感覚統合療法」の3つを実施しています。これらを必要に応じて組み合わせることが、日常生活での子どもの不適応行動を減らして、適応行動を増やすという成果につながると実感しています。これらの専門プログラムは、非日常の場である病院だけでなく、子どもとその家族の日常生活の場で成功体験を積み重ねていけるように工夫されているからです。具体的には、親子のやりとりや友人関係を改善したり、できることを増やしたり、自分の気持ちと身体をコントロールしたりすることなどが、日常の生活の場で身についていきます。

本書では、親からよく聞かれる「日常生活での困りごと」から、まずその背景を探ったうえで、「接し方」や「自宅でできるトレーニング法」が分かるように構成しました。「どう接したらよいのか分からない」「子育てがうまくいかない」と悩んでいる親だけでなく、幼稚園、保育園、子ども園や学校の先生、地域で子どもの発達支援に関わる方たちにとっても、事例に合わせて実践できる手引きとなるよう心掛けました。

本書を読んで、「接し方」を実践するにあたって、３つのお願いがあります。

１　親の方はこれまでの接し方を否定したり、自分を責めたりしないでください。発達凸凹のある子どもは、接するツボが狭いのです。

２　読んでみて、やってみようと思ったことは、ためらわずにチャレンジしてみてください。ただし、子どもの気持ちは親でも分からないものです。普段から、気持ちを聞く機会、子どもが気持ちを表に出しやすくなる雰囲気をもつように意識してみてください。

３　やってみて、うまくいかなくても焦らないでください。最初は誰でもそんなものですし、子ども自身にも「できるときとできないとき」のムラはあります。継続することで、子どもに合った「接し方」は必ず見つかります。

本書によって多くの大人が目の前の子どもを理解して、その子に合った「接し方」を見つけてもらうことで、一人でも多くの子ども、そして大人が、笑顔で毎日を送れるようになれば、著者としてこのうえない喜びです。

目次

第2章
まずは「発達障害」を正しく理解し、子どもの特性と「困りごと」を把握する

第3章
親子の「困りごと」を軽減し、子どもの成長を促す専門プログラムとは？

第4章
じっとしていられない、空気を読めない、集中できない
症状別、子どもに自信をもたせ、やる気を引き出す「かかわり方」と「工夫」

第5章
病院・学校・支援機関……
周囲の協力を得るために知っておいてほしいこと

第6章
その子に合った「かかわり方」と「工夫」で子どもの人生は「その子らしく」輝く

第1章

子どもの発達障害に悩む親が増えている

生まれつき？　育て方？　理由を知りたくて悩む親たち

親にとって、子どもの成長はなによりも楽しみなものです。しかし、その成長が「ほかの子と少し違う」「育児書と明らかに違う」と感じたとき、親の心には、楽しみよりも不安が広がり始めます。

外見はほかの子と変わらず、健康で元気もある。だけれど、どこか何かが違う――。例えば、生後間もなくであれば、半年が経つのに首の据わりが遅い、寝返りをしない、1歳半を過ぎても歩かない、2歳を過ぎても言葉が出ないといった、身体面と言語面の発達の遅れ。幼児期であれば、友達とうまく遊べない、集団行動ができない、ルールが守れないなどの社会的なコミュニケーション能力で、ほかの子との違いを意識するかもしれません。この時期に親の不安、園の先生の勧めなどで病院を受診される親子も増えてきています。

それでも、この段階では周囲に同じような傾向に見える子どもも少なくないので、親としては「ちょっと成長がゆっくりなだけ」「もう少しすればほかの子と同じように成長してくれるはず」あるいは、「子どもはこんなものだろう、自分も小さいときはそうだった」と期待し、様子を見守る人もいるでしょう。

そして、学童期になると、授業に集中できない、授業中に席を離れる、暴言や危険な行為、忘れ物が多い、読み書きが苦手である……といった不適応行動を指摘されるようになり、同級生とのトラブルや先生からの連絡で、「うちの子どもはほかの子と何か違うのではないか」と強く感じることが多くなります。

身体の障害や知的な遅れがないにもかかわらず、行動面、対人面、運動面などに発達の凸凹や課題を抱えて、日常生活に支障をきたしている子どもたちは、「発達障害」の可能性を秘めています。

彼らは脳の機能に特徴があり、一般的な発達経過（定型発達）をとる、いわゆる多数派の子どもたちとは、発達の仕方に違いがあります。得意なことと苦手なことの差が大きいこともよく見られます。成長とともに、苦手であった部分が徐々に改善することもありますが、大人になっても行動やコミュニケーションの問題が日常生活、社会生活に支障をきたしがちです。また、苦手な部分がクローズアップされることで、せっかくの強みであった部分を活かしきれないことも起こってしまいます。

親は、子どもの発達の遅れを感じたり、成長の遅れを他人から指摘されたりすると、「なぜ？」と遅れの理由を考えます。すると、叱り方が甘かったのか、栄養バランスが悪かったのか、遊ばせ方が良くなかったのかなど、原因を自分自身の「接し方」に結び付けてしまう方が多くいます。

発達障害の原因は、すべてが解明されているわけではありませんが、「育て方」や「育児環境」には関係がありません。育った環境を要因として、子どもに発達面や精神面の問題が生じていると思われた場合は、不安や気分、さらに愛着（注1）に関連した別の精神疾患をまず考えてみる必要があります。それらと発達障害のある子どもの抱える問題は重なることもありますが、分けて考えることが大切です。子どもの行動やコミュニケーションの取り方には、養育環境や学校・園などでのストレスが影響を与えることがありますが、環境によって発達障害になることはないのです。

ですから、「発達障害かもしれない」あるいは「発達障害と診断されたが、どうすればよいか分からない」など親が関わり方で迷っているときには、決して自分を責めずに、個々の迷う場面での接し方については、多面的に考えていくことが必要です。そして、長期的視点で、その子が、その子らしく、幸せな人生を送るための方策を一緒に考えていくという姿勢も大切です。

（注1）愛着：子どもと養育者の間に形成される情緒的結び付き。子どもにとって愛着の対象者は安全基地となり、それを基に心理的、社会的発達を得ていくといわれている。

「わが子は発達障害ではないか」という相談が絶えない理由

「はじめに」でも触れましたが、文部科学省の調査によれば、小・中学校の先生たちは「通常の学級に在籍している子の6・5％に特別な教育的支援が必要」と感じているそうです。

図表1は通級による指導（注2）を利用している子どもの内訳ですが、20年くらい前は難聴や弱視、

図表1　通級指導を受けている児童生徒数の推移

【障害種別／小・中・高等学校】

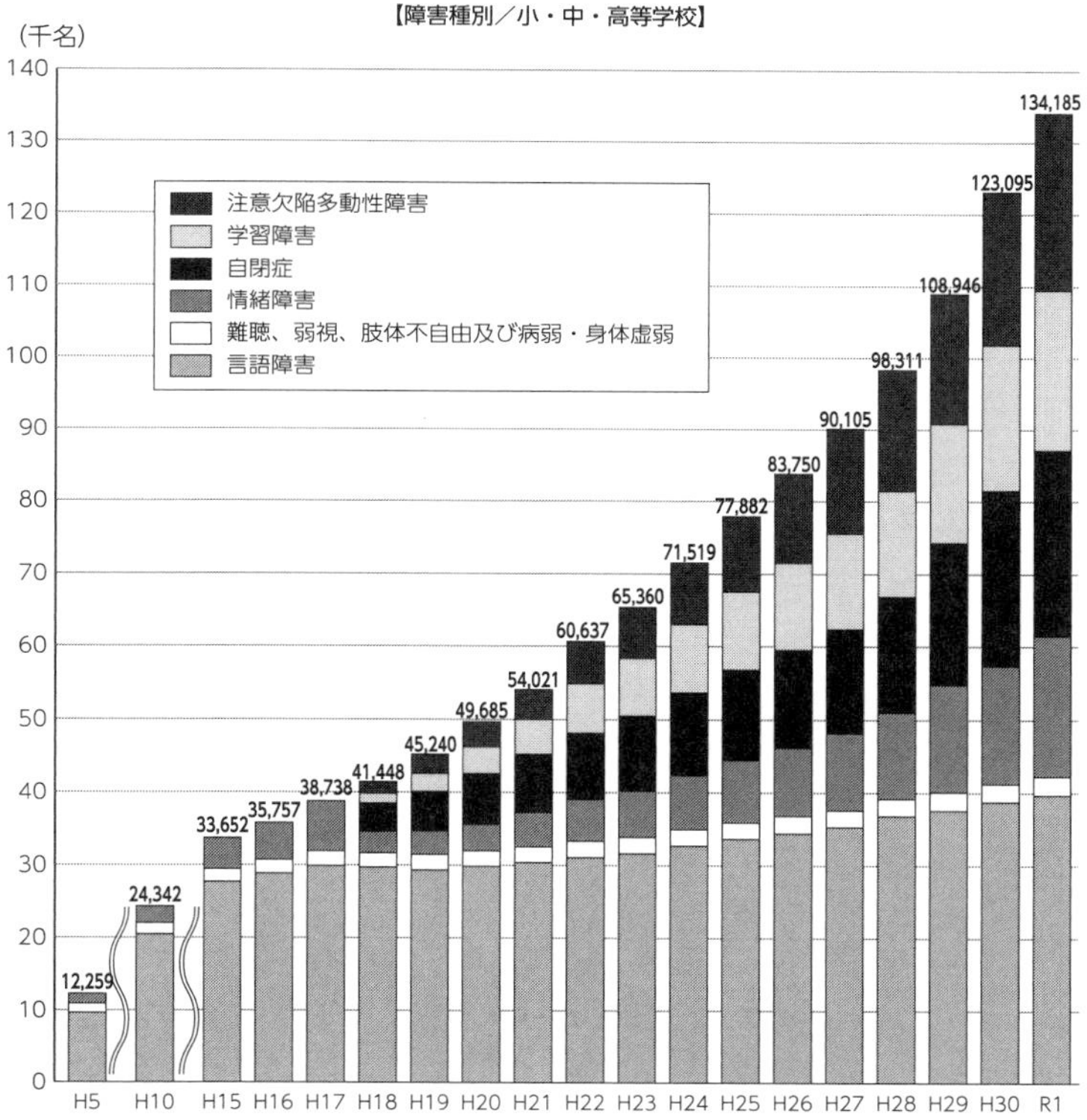

※各年度５月１日現在。

※「注意欠陥多動性障害」及び「学習障害」は、平成 18 年度から通級による指導の対象として学校教育法施行規則に規定し、併せて「自閉症」も平成 18 年度から対象として明示（平成 17 年度以前は主に「情緒障害」の通級による指導の対象として対応）。

※平成 30 年度から、国立・私立学校を含めて調査。

※高等学校における通級による指導は平成 30 年度開始であることから、高等学校については平成 30 年度から計上。

※小学校には義務教育学校前期課程、中学校には義務教育学校後期課程及び中等教育学校前期課程、高等学校には中等教育学校後期課程を含める。

文部科学省「令和元年度 通級による指導実施状況調査結果について」

肢体不自由など、身体の機能面に障害のある子どもがほとんどであることが分かります。ところが平成18年を境に、ＡＤＨＤやＬＤ、ＡＳＤの傾向をもつ子どもの在籍数が年々増加しています。

これらのデータを見ると、発達障害はこの20年で急速に増加したように見えますが、必ずしもそうではありません。というのも、発達障害を支援する法律（発達障害者支援法）が施行されたのは平成17年。ＡＤＨＤとＬＤが通級指導をはじめ、特別支援教育の対象に規定されたのは平成19年です。つまり、国が発達障害のある子どもをサポートすると明言し、地域の福祉サービスや、幼稚園、学校での支援体制が整い始めたことで、特別支援学級や通級指導教室を利用する子どもが増えたというのが実際のところでしょう。

また、幼児期から学童期早期に、発達障害を疑い、医療機関を受診する子どもの数は明らかに増加しています。

その要因は大きく2つあります。1つは、発達障害者支援法（平成17年）により、「早期からの支援」が重要視されて、多くの自治体が実施している「1歳半健診」や「3歳半健診」で、発達障害を早期発見していく方向になった点です。それまでは、知的発達の遅れがなければ、「様子を見ましょう」とされることが多かったのですが、地域差はあるものの、なるべく低年齢で気づき、早い段階で療育や支援を行いつつ、発達障害の専門性をもつ医療機関への受診を促す仕組みができつつあります。

もう1つは、特別支援教育で発達障害が対象となったこと（平成19年）により、保育園や幼稚園で、その子を個別にサポートしてくれる先生をつけてもらう「加配」や、小学校の特別支援学級への入級に向けて、医師の診断書を受けるケースがあるためです。特に、保育園や幼稚園では、園側から「加配を希望するのであれば、受診をして診断書を持ってきてください」と言われる例も少なくありません。

ですから、発達障害の子どもが増加しているというよりは、発達障害の可能性がある子どもの「受診率」が増えていると表現したほうが正しいでしょう。

ところで、このような流れのなかで、重要な課題が浮かび上がります。早期に発達の凸凹に注目して、個別サポートを受けることで、成長が促進される子どもはたくさんいます。しかし、「障害加配」や「特別支援教育」を受けるにあたって、診断名、障害名が独り歩きしてしまい、その子を理解することを妨げてしまうことにならないか、ということです。「はじめに」で紹介した事例のように、「ADHDだから衝動的に動く」「ASDだから相手の気持ちが分からない」という診断目線に沿って決めつけた見方にならないよう、十分な注意が必要です。

(注2) 通級による指導：軽度障害の子どもが、大部分の授業を在籍するクラスで受けながら、一部の授業を障害に応じた特別の指導を受けられる仕組み。

ネットの診断ツールや、経験者のブログを鵜呑みにするのは危険

受診率が上がり、教育現場での支援が充実してきたことで、発達障害という言葉は、世間一般の人たちに広く知られるようになってきました。

テレビでの特集、さまざまな切り口の書籍、インターネット上にも、発達障害を解説する記事が驚くほど大量にアップされています。貴重な情報を発信しているものもたくさんありますが、鵜呑みにするのは危険です。医師や心理士といった専門家でないにもかかわらず、「発達障害の原因」や「投薬の是非論」を述べていたり、親や周囲の不安をあおるような書き方をしたりという記事が掲載されているのは顕著な例です。

ネット上で発達障害の診断可能性を行うツールも、「発達障害かもしれない」という気持ちで設問を読んでいくと、ほとんどの項目に当てはまってしまうものです。

実際の診断は、長年の経験を積んだ医師でも、時間をかけて本人や家族の話を聞き、家庭や学校での生活の状況を把握し、心理発達検査を経て行われます。診察室で一目見ての診断は困難です。時には事象関連電位（注3）をはじめとする脳生理学検査も、補助検査として行われることがあります。いくつかの質問に答えるだけで判別できるようなものではありません。

また、実際に発達障害のある子どもを育てている親が、自身の体験談をブログなどのＳＮＳを

通して発信している例も少なくありません。自分以外のお母さんが「忘れ物を減らす方法」など、発達障害のある子どもに向けた具体的な子育て術を公開しているのは、悩める親にとっては参考になりますし、ありがたい情報ではあります。しかし、同じような困りごとがあっても、原因となっている特性も同じとは限りません。一律に同じやり方をしても、うまくいかないことがありますし、かえってその子の自尊感情を傷付け、状況を悪化させてしまうこともあるのです。

経験談からの情報を取り入れること自体は間違っていませんし、直接会って話を聞ける機会があれば有用です。しかし、ＳＮＳなどから一方通行で与えられる情報については、その子に合っているのかどうかを見極める知識と経験を、親がもっていることが必要です。親は子どもにとって最大の理解者ではありますが、多くの情報のなかからわが子に適した方法を選択するのは困難です。主治医をはじめ、本人と関わっている専門家（療育担当者や支援の先生など）の意見もぜひ聞いてみてください。

（注３）事象関連電位：光や音などの刺激に対して一過性に生じる脳内の電位変動を測定する脳波検査の一つ。意識のある人からも測定できる。

「ありのままを受け入れる」は「今のままでよい」ということではない

発達障害の治療は、基本的に「治す」のではなく、子ども本人が「生きるチカラ」を身につけ、自信をもって自分の足で歩んでいけるように、「導く」ことにあると私たちは考えています。そのための第一歩は、家庭において、子どもを「褒める」「認める」ことです。他者、特に安全基地である親から認めてもらったり、褒めてもらったりすることで、「自分には価値がある」と安心して社会に出ていけるようになります。

私たちは、多くの親子と診療の場で出会いますが、最近の親は発達障害に対してたいへん勉強熱心で驚かされます。初診時に話を聞くと、「この子らしく育ってほしい」「ありのままを受け止めてあげたい」といった言葉を口にする方が多くいます。まさに、わが子の存在をしっかり認めているのです。

とはいえ、診療を続けている子どもが家庭や学校などで「困った行動」をしてしまうことも少なくありません。本人なりに理由があっての行動であっても、周囲から煙たがられたり、そのままにされてしまったりでは、結局は本人がいちばん損をしてしまいます。ここで大切なことは、「困った行動」を「本人が困っている行動」ととらえることです。例えば、授業中にイライラして教室から飛び出してしまう小学生の子がいたとしましょう。「本人の特性だから仕方ない」「外にいたほうがほかの児童が集中して授業が受けられる」と親や教師がそのままにしていたら、授業での学習の機会は失われますし、本人が気持ちを適切にコントロールする力が身につかないままです。

「ありのままを受け止める」ということは、本人の得意なことと苦手なこと、好きなことと嫌いなことなどを理解したうえで、「あなたはあなたのままでいい」と納得できることです。ただ、人は誰もが成長していきます。「今のあなた」を認めたうえで、「さらにパワーアップしていこう」「そのためにはどうやっていこうか」などを一緒に考えて、前進していくことが大切です。このような関わり、親子での成功体験の積み重ねを通して、成長にとって大切な「セルフエスティーム(注４)」が向上していきます。

そして、本人が「生きるチカラ」を伸ばして、自分の足で幸せな人生を歩めるようにサポートしていくことが、周囲の大人に求められる、発達障害のある子どもへの「接し方」になるのではないでしょうか。

(注４) セルフエスティーム：英語でSelf Esteemと表記され、日本語では自尊感情や自己肯定感として訳されることも多い。「Self→自分自身、Esteem→評価」なので、自分自身が得意と苦手を分かって対処できる力、自身を価値ある人間として認められる力のことをいう。

本人の特性に応じた「接し方」を知らないと、セルフエステイームが下がってしまう

発達障害という言葉はすべての発達に遅れがあるようにも聞こえますが、そうではありません。実際には「発達に凸凹、すなわち得意と苦手の差が大きい」状態です。「言語能力には長けているけれど、運動や巧緻性に問題がある」「集中力はすごいけれど、切り替えが苦手」など、凸凹具合は人それぞれです。

人によっては、得意な面をさらに伸ばすことで、苦手な面が目立たなくなることがあります。しかし、周囲から苦手な面ばかりを強調されて、得意な面に注目されないという「接し方」が続いてしまうと、二次的な問題として本人の自己肯定感（セルフエステイーム）が低下してしまいます。また、期待される成長が損なわれて、学習に遅れが出たり、自己コントロール力が伸びなかったりしてしまうことがあります。

例えば、「計画を立てて、実行する力」の弱い子どもが、美術で水彩画を描くテーマがあったときの出来事です。この子は、もともと色使いが独創的で、絵を描くのが好きな男の子でした。しかし、授業時間を下書きのみに費やしてしまい、先生から「さぼっている」と叱責されてしまったそうです。もし、特性を理解している人が近くにいて、下書きの終了時間の目安などの全体の夕

イムスケジュールを示してもらえていたら、すばらしい水彩画を完成できたかもしれません。なによりも「自分は絵が苦手だ」と自信を失ってしまいます。

この子は、褒めてもらう機会を一つ失ってしまい、その代わりに叱られるという「否定」を受けて、セルフエスティームが下がってしまうのです。

また、自分で自分の感情や身体のコントロール法を知らないまま年齢が上がってしまうと、調子が良いときと悪いときの対処がますますできなくなってしまいます。

発達障害のある子どものなかには、音や光に過敏な子が多くいますが、ある中学生の男の子は、エアコンのモーター音が苦手でした。教室のエアコンの音はなんとか耐えられる範囲だったのですが、たまたまその日は体調が悪く、特別大きな音に聞こえてしまったのだそうです。イライラが募り、結果として教室で暴れてしまいました。その結果、先生からは叱られ、クラスメイトからは「乱暴者」「迷惑な人」というレッテルを貼られてしまったそうです。

もし、その子が小学生時代に、嫌な音が聞こえて我慢できなくなってきたときの対処法を学んでいれば、「自分でイライラを回避できた」というセルフエスティームをもつことができたことでしょう。このようなことが繰り返された結果、「自分はダメな人間だ」という否定的な感情だけが残ることになってしまったのです。

発達の凸凹が少ない子、いわゆる定型発達の子は、成長するなかで自分の失敗体験を活かしたり、周囲の子のふるまいを見たりして、適切な行動を学習していきます。しかし、発達障害のある子どもは、そのように「経験を通して身につける」ことが苦手なため、周囲の大人が本人の特性に応じた「接し方」をして、「本人ができたことを褒める」ようにすることが大切です。そうすることで、本人自身が自らの特性について、「得意と苦手」という形で知っていき、対処法を身につけていくことができるようになってきます。そして、そのような成功体験の繰り返しによって、セルフエスティーム も向上して、「こうすればできた!」「自分は価値ある人間である」と思えるようになってきます。これらの繰り返しによって、「生きるチカラ」がチャージされて、自分の足で歩んでいくことにつながっていくのです。

発達障害の支援と成長のモデル

発達の凸凹と「発達障害」の違い、支援と成長の関係を考えていきましょう。そもそも、発達障害は医療的な診断名ではなく、発達障害者支援法(平成17年施行、平成28年改正)のなかで定義づけられています。発達障害とは、「自閉症、アスペルガー症候群その他の広汎性発達障害、学習障害、注意欠陥多動性障害その他これに類する脳機能の障害であってその症状が通常低年齢において発現するもの」、そして発達障害者(18歳未満は発達障害児)とは、「発達障害がある者であって発達障害及び社会的障壁により日常生活又は社会生活に制限を受けるもの」となっていま

図表2　発達障害の支援と成長の関係

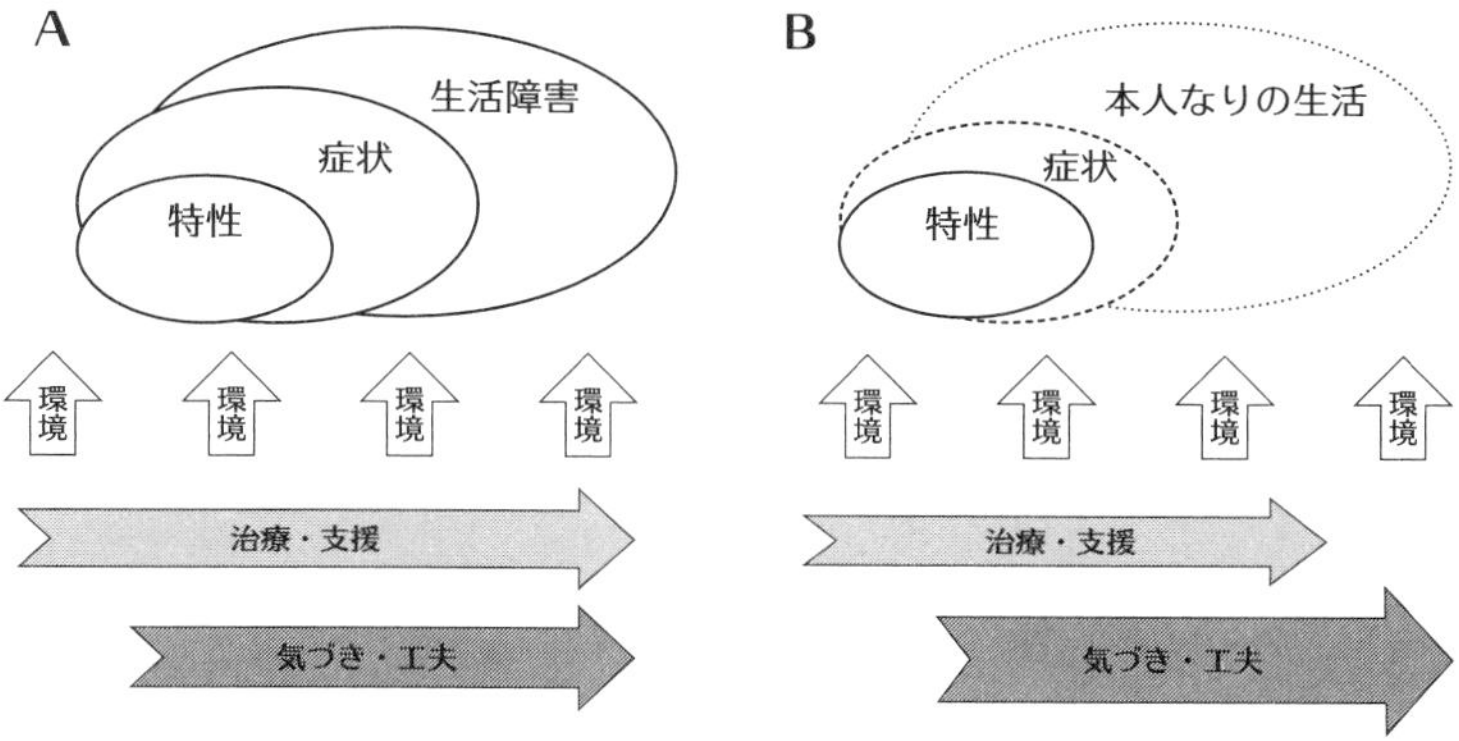

す。ここで注目すべきは、発達障害者の定義に見られる「社会的障壁により」という文言は、平成28年改正時に追記されたことです。この社会的障壁を減らしていくためのさまざまなサポートや制度（特別支援教育や就労支援など）が、発達障害のある人への支援ということになります。

図表2に発達障害の支援と成長のモデル図を示しました。Aが、本人にとって適切な支援が不十分であった場合の経過の例です。発達の凸凹は、もともとは「特性」として見られます。それから、「症状」として不注意や多動、コミュニケーション困難などが見られるようになり、成長していくにつれて、いわゆる「生活障害」が目立ってきてしまいます。また、支援が十分になされないことによって、本人の気づきや工夫も不十分となってしまい、そのことも症状や生活障害の経過にマイナスの影響を与えてしまっています。

一方、Bは、早期から本人に合った支援や治療がなされた場合の経過例です。この場合は、本人の気づきや工夫を十分に得ることができています。そして「特性」としては、Aと同程度であったものが、その後の「症状」が軽減し、生活への影響が少なくなって、「生活障害→本人なりの生活」を送れるようになります。また、「環境」は社会的障壁にもなりますが、Bのように本人の気づきと工夫、そして、周囲の理解と支援が充実している場合は、本人の「生きるチカラ」を伸ばす居心地よい社会環境となっていることでしょう。

このモデル図を通して私たちが伝えたいことは、発達凸凹のある子どもの経過はさまざまであること、その経過には周囲の理解と支援、本人自身の気づきと工夫が大きな影響を与えるということです。ただし、「私の子どもはもう思春期になっていて、二次障害も出てしまっている。このまま症状も強まるだろうし、生活の障害も目立ってくるだろう。私の育て方が悪かったからだ」と焦らなくても大丈夫です。子どもの「生きるチカラ」は大人が思っている以上に大きいことが多いですし、親が子どもと向き合って、その子に適していると思う「接し方」を続けること、必要に応じて周囲の専門家、支援者にも援助を求めること、それを日々積み重ねていくことで、Bの「本人なりにQOL（生活の質）の充実した社会生活」を送れるようになっていくものです。まずは、本書を参考にトライし始めてください。

第2章
まずは「発達障害」を正しく理解し、子どもの特性と「困りごと」を把握する

国際基準によって定められる発達障害の診断と分類

「発達障害」とは、いくつかの障害をまとめた総称であり、一つの障害を表す言葉ではありません。国の「発達障害者支援法」における定義は第1章で述べたとおりです。

国内の医療機関における精神疾患の分類では、米国精神医学会が作成する「精神疾患の診断・統計マニュアル（DSM）」が用いられることが多いのですが、平成25年に改訂されたDSM‐5では、「アスペルガー障害」という用語が消えて、「自閉スペクトラム症」に含まれることになっています。発達障害者支援法のなかで、アスペルガーなど今は医療現場では使われない用語が残っている理由は、世界保健機構（WHO）が作成する「疾病及び関連保健問題の国際統計分類（ICD）」を基準に作られているからです。ただ、平成30年に改訂案が出されたICD‐11においてはDSM‐5に準じた変更がなされており、本書ではDSM‐5に基づいて用語の解説を行っていきます。

また、平成28年に一部改正された発達障害者支援法においては、「発達障害者」の定義が改正されています。「発達障害があるものであって、発達障害及び社会的障壁により日常生活又は社会生活に制限を受けるもの」として、社会的障壁という言葉が追加されたのです。これは本人要因である発達障害の程度だけでなく、周囲の環境が本人の日常生活に大きな影響を与えること、それを踏まえて本人の特性に応じたサポートが必要であることを示しています。家庭だけでなく、園・学校、職場、さらに地域での周囲の「接し方」が重要視されていくことになります。

発達障害の症状とその背景を知る

日本で「発達障害」として呼ばれる障害は、「ＤＳＭ‐５」のなかの「神経発達症群／神経発達障害群」として分類されており、以下の６つの障害が含まれます（図表３）。

- ＡＤＨＤ（注意欠如・多動症）
- ＡＳＤ（自閉スペクトラム症）
- ＬＤ（限局性学習症）
- ＩＤ（知的能力障害群）
- ＣＤ（コミュニケーション症群／吃音など）
- ＭＤ（運動症群／トゥレット症、チックなど）

神経の発達になんらかの問題があって生じている障害として、この６つの障害がカテゴライズ

図表3　発達障害の分類

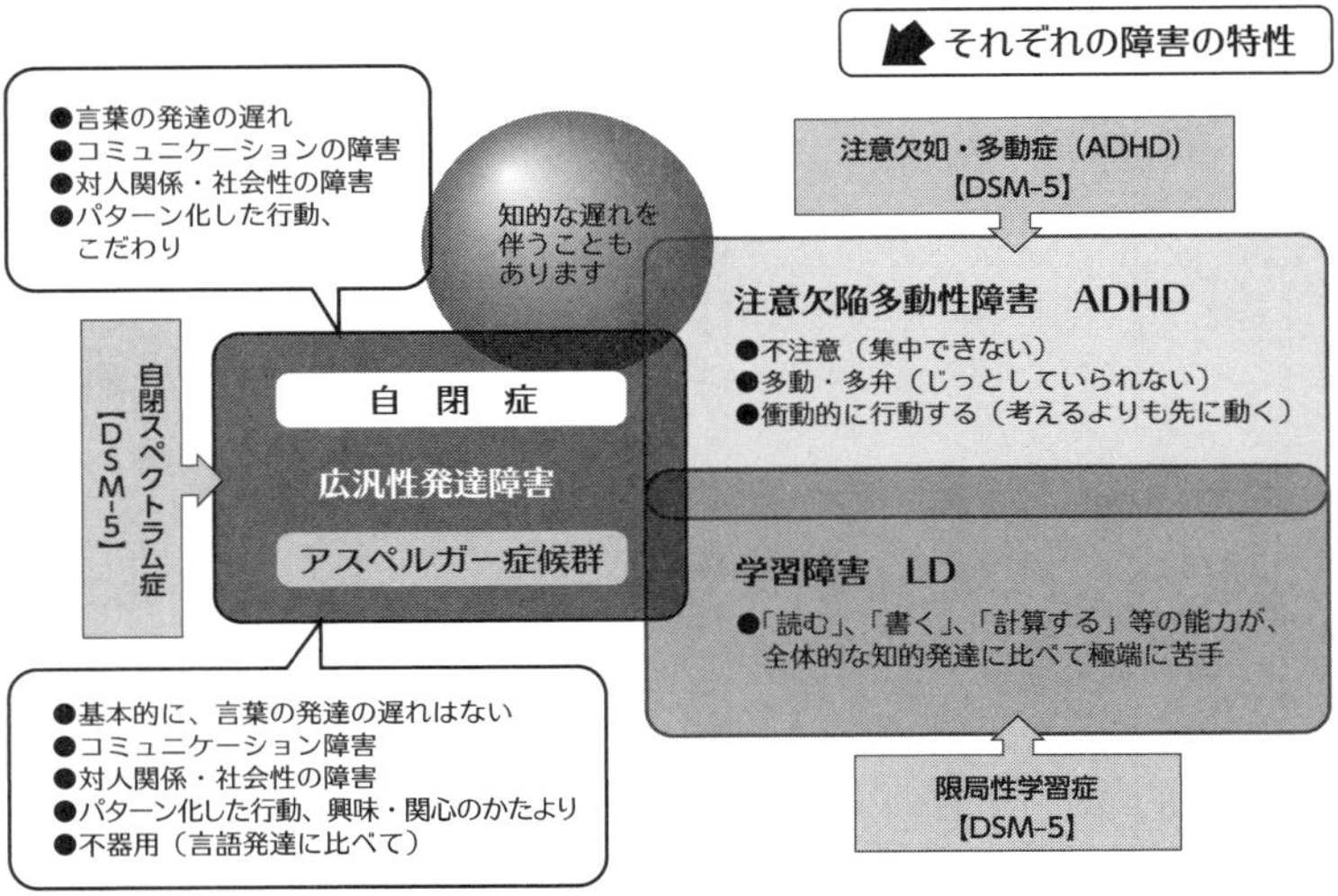
それぞれの障害の特性
●言葉の発達の遅れ
●コミュニケーションの障害
●対人関係・社会性の障害
●パターン化した行動、こだわり
知的な遅れを伴うこともあります
注意欠如・多動症（ADHD）【DSM-5】
注意欠陥多動性障害　ADHD
●不注意（集中できない）
●多動・多弁（じっとしていられない）
●衝動的に行動する（考えるよりも先に動く）
自閉スペクトラム症【DSM-5】
自閉症
広汎性発達障害
アスペルガー症候群
学習障害　LD
●「読む」、「書く」、「計算する」等の能力が、全体的な知的発達に比べて極端に苦手
●基本的に、言葉の発達の遅れはない
●コミュニケーション障害
●対人関係・社会性の障害
●パターン化した行動、興味・関心のかたより
●不器用（言語発達に比べて）
限局性学習症【DSM-5】

（政府広報オンライン「発達障害ってなんだろう」に、DSM-5による診断名を追記して作成）

されているのですが、日本で「発達障害」と呼ばれるのは、ＡＤＨＤ、ＡＳＤ、ＬＤを指すのが一般的な解釈になっています。なお、図表3に示したように、これらの障害は併存することもよくあります。

本書では、「接し方」によって、子どもたちが大きく変化しやすいＡＤＨＤとＡＳＤについて詳しく解説していきます。まずは発達障害のある子どもの事例から、よくある困りごとをまとめてみました。

なお、これらの事例はあくまでも架空のものですが、多くの親子が抱えがちな悩み、直面するつらさを示しています。

◆ADHD（注意欠如・多動症）

【事例①】外遊びが大好きな人気者が、トラブルから不登校に　光汰くん／小6

1歳2カ月で、歩きだしたと思ったら走っていたという光汰くん。興味をもった物は何でも触ろうとする、好奇心の強い赤ちゃんだったそうです。高いところにある物を取ろうとテーブルや椅子によじ登るため、両親は目が離せません。欲しい物が取れないと床に寝転がって大泣きし、手に入るまで大騒ぎをしていたこともあったそうです。

3歳になり、公園遊びをするようになっても、トラブルは続きました。砂場ではほかの子のおもちゃを奪い取り、ブランコでは順番が待てずに地団駄を踏み、滑り台では階段の途中でほかの子を追い越そうと押してしまい、押された子が落ちかけたこともありました。

幼稚園では教室にとどまっていられず、勝手に園庭に飛び出していきます。足が速く、高いところに登るのが好きなので、先生は追いかけるのにとても苦労したそうです。この頃、買い物に行くと「買って、買って」の要求がひどく、買うまで店内で大騒ぎしていました。

小学校に入学すると、連絡帳が書けない、提出物を出せない、宿題をしない、授業中に近くの席の子に話し掛ける……など、先生に叱られることばかりでしたが、一方で休み時間は元気に外遊びをするなど、「ムードメーカー」としてクラスメイトの人気者でもありました。

もともと成績の良い子でしたが、授業に集中できないことから徐々に勉強に遅れが出るようになります。４年生では塾へも通いましたが、講師の説明時に横やりを入れるといった衝動的な行動が抑えられず、「ほかの子の迷惑になるから」と言われて退塾となりました。5年生になると、学校の授業中にひどくふざけるようになり、両親は何度も学校に呼び出されたそうです。学校でも家でも叱られてばかり。「どうしてそんなことをするの?」と問われても、光汰くんは「嫌だから」「やりたくないから」としか言いません。

同級生の親からの苦情に母親は神経をすり減らすようになり、電話が鳴るたびにドキドキして、ますます光汰くんに厳しく接するようになったそうです。担任の先生から病院受診を勧められたこともありましたが、母親は「自分の育て方が悪かった」、父親は「男の子はこんなものだろう」と受診に踏み切れませんでした。

自分は給食や掃除の当番をさぼり、まじめに仕事をする子にちょっかいを出す彼を、同級生も次第に「ずるい子」「迷惑な子」と避けるようになり、光汰くんは教室にいづらくなっていきました。そんなある日、同級生の女の子数人から取り囲まれて、「最低!」と言われてカッとなり、「死ね!」とお腹を蹴飛ばしてしまったのです。

この出来事をきっかけに、光汰くんは学校へ行くのを嫌がるようになり、小学校6年生の秋に不登校を主訴に発達センターを受診しました。

【事例②】身体を使った遊びが大好きだった子が、反抗的になってしまった

令子さん／小４

言葉を発するようになったのが２歳とちょっとゆっくりめだった令子さん。３歳頃から、気になる物があればすぐ反応するようになり、目を離すと、いつの間にどこかへ行ってしまって迷子になることも多かったそうです。保育園でも、園庭の遊具で遊んでいると思ったら、転がって来た友達のボールを取ろうとしたり、積み木をし始めたと思った次の瞬間には電車のおもちゃを取りに行ったり……。おもちゃや道具はそのままで、新しいことを次々に始めるのです。保育士が「お片付けしてからね」と制しても、振りほどいて気になるほうへ行ってしまいます。

小学校は特別支援学級を希望しましたが認めてもらえず、通常の学級でのスタートとなりました。入学当初は、集中力が切れてくると教室から抜け出すことが何度かありましたが、担任に理解があり、頭ごなしに令子さんを叱ることはなく、上手にサポートをしてくれていたそうです。そのお陰もあってか、１年生の２学期頃には、授業中は教室内にいられるようになりました。

身体を使った遊びが大好きで、遊具で遊んだり、男の子と鬼ごっこをしたりしていましたが、ドッジボールなど球技やルールのある遊びは苦手で、よく怪我もしていました。教室ではじっとしていると落ちつかないようで、鉛筆を噛んだり、身体をくねくねと動かして椅子からずり落ちそうになっていたりしたそうです。

２年生になって、多動はやや落ちついてきましたが、忘れ物が多い、片付けができないという不注意からの困りごとが目立つようになりました。連絡帳を書くよう担任に指導されてもすぐに忘れて、空っぽのランドセルで帰宅することも珍しくはありませんでした。隣の席の子に借りた消しゴムなどの文具を返すことを忘れて持ち帰ってしまい、母親は令子さんのポケットから見知らぬ物が出てきてびっくりして、担任に届けていたことが何度かあったそうです。

集中力が続かず、学習の遅れも指摘されだしたため、３年生の夏休みに近くの小児科医院を受診したところ、ＡＤＨＤとの診断のもと、投薬が始まりました。すると、薬の効果か成長したからか、教室ではだいぶ落ちついて過ごせるようになっていきました。

しかし、姿勢保持が苦手な面や頻繁な忘れ物、片付けられないことは続きました。４年生になると複数の指示を出された際に一部が抜け落ちてしまって、皆のペースについていけないことも目立つようになりました。担任から「薬はちゃんと飲んでいるの？」と言われたり、母親から「女の子なんだからちゃんとしなさい！」と叱責されたりすることが増えてきました。穏やかだった令子さんが、「どうせ私はできない」とイライラしたり、家庭では反抗的になったりすることも見られるようになってきました。小児科医師からペアレントトレーニングを勧められて、専門プログラムのある発達センターを受診しました。

【事例から学べること】行動特性だけでなく、叱られてばかりだと、自信を失ってしまうことにも注意が必要

事例①で紹介した光汰くんは混合型ＡＤＨＤ、②の令子さんは不注意優勢型ＡＤＨＤのある子どもです。個人差は大きいのですが、このような行動特性は、小学生の３～７％がもっていると考えられています。

ＡＤＨＤのある子どもは、幼児期は多動が目立つことが多いのですが、不注意と身体の不器用さから怪我をしやすかったり、気持ちのコントロールが苦手でかんしゃくを起こしやすかったりする子も多くいます。また、幼稚園の年長くらいになると、ルールが守れずに集団のなかでトラブルを起こすことも増えてきます。子どもの世界であっても、４～５歳になると順番を守る、分け合うなどのルールを守って遊ぶという社会性が必要になるからです。

小学校に入ると、朝の支度に時間がかかり遅刻する、授業中に立ち歩く、忘れ物が多い、宿題に取り組めない、聞き逃しが多い、優先順位がつけられない、最後までやり遂げられないなど、多動だけでなく、不注意による生活での困りごとが増えてきます。光汰くんも令子さんも、忘れ物や聞き逃しをしたくてしているわけではありません。聞こうと思っても集中できなかったり、たくさんのことを同時に指示されると、覚えていたくても一つのことをやっているうちにほかのことを忘れてしまったりするからなのです。

また、場の空気に関係なく思いついたまま話す、主語を抜いて話す、時系列で話せないなど、言葉のやりとりで困ることもあります。自分の言葉がうまく通じないために、暴言や暴力が突発的に出てしまう子もいます。ここで周囲の大人が大切にしたいことは、外面に見える「行動」だけでなく、内面にある「本人の気持ち」を考えてみることです。光汰くんが暴力を振るったときの気持ち、その後学校に行けなくなったときの気持ち、令子さんが母親に反抗しだしたときの気持ちです。

ＡＤＨＤの特性による不適切な行動は「言うことを聞かない子」「迷惑な子」「できない子」というレッテルを貼られやすく、「わざと」やっていると思われてしまいがちです。周囲の大人に特性への理解がないと、叱られることが日常茶飯事となり、「どうせ自分にはできない」「また叱られる」と、本人は自己否定の気持ちを募らせてしまうのです。光汰くんが授業妨害を先生からも両親からも責められたとき、自分でも悔しくて、「周りを喜ばせようと思った」とは言えずに、「嫌だから」としか答えられなかったそうです。同級生に「最低」と言われて傷付いて、暴力を振るってしまった自分がますます嫌になって、大好きな学校に行けなくなったのです。令子さんは、「薬がないと何もできない自分が嫌」「頑張っているのに認めてもらえない」と自信を失い、反抗的になっていたのです。

事例から分かるように、子どもは自信を喪失すると、やる気を失い、自分も相手も大切にできなくなって、反抗的な言動を取るようになります。親や教師は、その反抗的な態度に再び苛立ちを感じ叱咤するため、子どもは余計に反抗します。このような悪循環に陥ってしまうと、本人も周囲も疲弊してしまいます。

こうしたケースでは親が子どもの障害の可能性に気づいているのですが、大切なわが子だからこそ認められなくて受診が遅れてしまうことがあります。やりとりが悪循環になると、子どものマイナス部分のみに目がいって、プラスの面が見えにくくなり、ますます叱責が繰り返されてしまいます。まず、発達の特性を理解したうえで、子どもが困ってしまう場面をしっかり観察して、子どもが何に困っているのか、どうしてそのような行動が起きたのか、どういう気持ちなのかを把握していくことが大切です。

【ADHDの原因】脳の機能と神経伝達物質の受け渡しが関与している

脳機能の面では、多くの研究から3つの領域に機能不全が推定されています。

- 実行機能……計画を立てて、それを最後まで実行する力
- 報酬系機能……欲求が満たされたときに嬉しく、心地よいと感じる力
- 時間的処理機能……タイミングを計る力、衝動性をコントロールする力

宿題などの課題がこなせないのは、実行機能の弱さ（段取りよく実行していくのが苦手なこと）が大きく関与していますが、報酬系機能の弱さ（報酬を目立たせないとうれしくない、待つことが苦手）というのも問題を引き起こす要因となります。この報酬とは、お金や物を与えるということだけでなく、「できたことを褒められる」ということも含みます。

一般的に子どもが宿題を頑張るのは、親や先生に認めてもらえる、褒めてもらえるからです。しかし、ADHDのある子どもは、すぐに報酬がもらえるときには比較的頑張れるのですが、時間が経ってから報酬がもらえるのではうれしさを感じにくいのです。ですから、1ページできたら褒める、また次の1ページで褒める、最後まで宿題できたらおやつ、などの短期間で報酬が与えられれば、最後まで達成しやすくなります。このようなプラスのやりとり、すなわち「できた⇔褒められた」が繰り返されることで、報酬が与えられるまでの時間を延長していくことも可能ですし、本人が「こうすればできる」「できた、うれしい」と達成感と自信をもてることで、報酬を目立たせなくてもできるようになってきます。

また、脳内の神経伝達物質である「ドーパミン」と「ノルアドレナリン」の受け渡しがうまくいかないことも関係しています。これらの物質は、注意を必要とする作業を行う際に、脳内で大切な役割をします。これらが必要なときに不足することで、注意が欠如したり、衝動的な行動を起こしてしまったりするのではないかと考えられています。

◆ASD（自閉スペクトラム症）

【事例③】負けること、新しいことが苦手な子が、教室にいづらくなった

咲良さん／小3

「赤ちゃんの頃は、いつもニコニコでかわいい子でした」

大人が好きで、人が集まっている輪に入って行く人懐っこい子。咲良さんの母親は当時の様子をそう語ります。

ところが、5歳頃から、友達との間でトラブルが起きるようになります。幼稚園でのごっこ遊びでは毎回「お姉さん」の役をやりたいと譲らず、食器の並べ方や遊び方を友達に指示し、そのとおりにしないと怒りだすようなことが何度もありました。トランプやボードゲームでは負けることを極端に嫌い、自分が負けそうになると「もうやめる！」と、その場を立ち去ったり、テレビゲームの場合は電源を切ったりしていました。新しい場面も苦手で、運動会やお遊戯会はパニックを起こして参加できませんでした。そのため、小学校入学式前日に学校に行って、当日の場所を見せていただき安心させてもらったそうです。

この頃、かかりつけの小児科クリニックに相談をしたそうですが、「小学校入学前では診断でき

ません。様子を見ましょう」と言われたそうです。

小学校に入ると、勝ち負けへのこだわりに加え、失敗したときにパニックを起こすようになりました。テストで「×」をつけられても「間違ってない！」と怒り、苦手な体育では体操服に着替えることを拒むようにもなりました。また、ちょっとした予定の変更に不安を示すようになり、運動会の練習のはずが、雨で通常授業になったり、担任が出張で代替の先生が授業に入ったりすると、「お腹が痛い」「頭が痛い」と、保健室へ行ってしまいます。運動会が終わってからは、興味のない授業になると同じように保健室に行ってしまうことが増えてきました。

本人の不安、腹痛が続くため、1年生の冬に別の病院の小児科を受診し、ＡＳＤと診断されて院内で行われている療育に通うように言われたのですが、本人を病院に連れて行こうとすると泣いて嘔吐するため、結局通うことができませんでした。2年生の間は同じように保健室と教室を行ったり来たりして過ごしていたそうです。

同級生との関係では、思ったことをすぐ口にしてしまう、人から言われたことに敏感に反応し過ぎてしまうところがあり、徐々に周囲から避けられるようになってきました。

3年生になって担任がベテランの男性の先生になり、授業中は教室にできるだけいるように言われて頑張っていたのですが、学校に行く前にお腹が痛くなって行けない日が増えてきました。2学期になると、朝は起きるのですが制服を見ると嘔吐してしまうため、学校にはまったく行けなくなってしまいました。家でも些細なことでかんしゃくを起こしてしまうことが増えて、発達センターを受診しました。

【事例④】お話し好きで友達と仲良くしているつもりが、いつの間にか孤立していた

陽斗くん／中1

赤ちゃんの頃から物音に敏感だったという陽斗くん。睡眠時間が短く、夜泣きは2歳まで続きました。日中も大きな音がすると大泣きすることが多かったそうです。身体面の成長の仕方がほかの子とは異なり、ハイハイをせず、ずり這いで移動していましたが、1歳を迎える頃にいきなり歩き始めました。また、抱っこすると身体を反らせて嫌がっていたそうです。言葉の発達は3歳でようやく二語文が出たかと思うと、数カ月で急激に言葉数が増えてきました。電車の車両の部品や型番などを記憶して、熱弁を振るうようになりました。

幼児期は、電車や車を並べて一人で遊ぶのが大好きでした。自分の決めた順番で等間隔に並べるのです。性格的にはおとなしいほうでしたが、幼稚園では自分が並べた車を友達が触ると、かんしゃくを起こしていました。また、テレビコマーシャルで気に入ったフレーズがあると、何度もそれを真似て、大人を笑わせていたそうです。

また、食べることが苦手で、特に肉や魚は飲み込むことができず、口に入れたままか、吐き出すこともしばしばありました。母親の作った料理以外は食べたがらず、幼稚園の給食はパンやご

飯などの主食しか食べられません。洋服も決まったものしか着られず、母親は毎日何度も洗濯していたそうです。

小学1年生になると、会話のなかで四字熟語を使ったり、誰に対しても丁寧語で話したりしていたそうです。また、授業中に好きな本を読むのがやめられず、いったん取り上げられても、離席してその本を取りに行くなどじっとできないことも目立つようになり、担任の先生の勧めで児童精神科クリニックを受診しました。

受診時は診察室でもじっとしていられず、親のつけた行動のチェックリストも参考とされた結果、ADHDとASDと診断されて、「落ちつける薬」が処方されました。薬を飲むと着席できる時間が少し長くなるのですが、嘔気が強くて給食も食べられないため、結局2週間で中断して、通院もしなくなりました。

小学1～2年生の頃は担任の理解もあって、「マイペースな子」「物知りな子」として周囲に受け入れられていたそうです。しかし、3年生の頃から、同級生とのトラブルが目立つようになりました。同級生がふざけ合っているところへ割って入ったり、唐突に話し掛けて自分の興味のある知識を話し続けたり、「太っている」「勉強ができない」などの相手が嫌な気持ちになる言葉を直接言ったりなどするため、周囲に迷惑がられるようになったのです。同級生が「うぜぇよ」などと陽斗くんをなじったことから、小競り合いになることが何度もありました。

その後、周囲から避けられるようになり、クラスのなかでは一人でいることが多くなりました。

しかし、本人は話を聞いてもらうために、隣のクラスに行ったり、職員室に行ったりして、母親には「友達がたくさんいる」と話していました。

中学生になり、陽斗くんはようやく自分が周囲から避けられていることに気づき始めます。自分としては、原因も分からず同級生に避けられるので常にイライラし、ちょっとしたことで大声を上げたり、机や椅子を蹴ったりなどの行動が学校で目立つようになり、発達センターを受診しました。

【事例⑤】極端な偏食や聞き取りにくさは、感覚過敏のせいだった　那奈さん／中2

乳幼児期から、両親が那奈さんのことでいちばん困っていたのは食の細さと偏食でした。離乳食を始めた頃から、粒々感のあるものや、少し固い食べ物を口に入れると、すべて吐き出してしまっていたそうです。噛むこともゆっくりしかできず、食材や調理法に工夫をしても、家庭でも幼稚園でも食事にとても時間がかかっていました。

過敏なのは口だけでなく、肌に触れる衣服や布団も、綿１００％以外は感触が気持ち悪くて触れません。タグはすべて取り去って着用していました。砂や粘土などにも触れられないため、砂場遊びや造形の時間は、興味があっても参加することができませんでした。

音に対する過敏もひどく、小学校以降は、教室では、同級生の小さなおしゃべりの声、エアコンの音、外の鳥の声や葉音などと先生の声が混ざってしまい、授業を聞きたくても聞き取れませんでした。教室の外でも、いろいろな音が混ざってしまい、特定の人の声を聞き分けることができません。

これだけの過敏さをもっていながらも、性格的におとなしく、周囲に迷惑を掛けることが少なかったため、親も学校の先生も本人の発達の問題になかなか気づくことができませんでした。5歳違いの弟にＡＤＨＤ傾向があり、発達センターを受診した際に、母親が那奈さんの偏食について主治医に話したところ、「発達障害があるかもしれない」と言われ非常に驚いたそうです。そして、中学2年生のときに本人も発達センターを再度受診しました。

診察の結果、本人の感覚過敏はＡＳＤ特性の病状であることが分かりました。「振り返ってみると、幼稚園の頃から友達と遊ばず、いつも一人でいたし、家でもあまりしゃべらなかった。衝動性の強い弟に手が掛かり、手の掛からない那奈のことを結果として放っておいてしまった」と母親は言います。「よく、今まで我慢してきたね」と母親が声を掛けると、「みんなも自分と同じだと思っていた。みんな我慢しているのだから、自分も我慢しなければいけないと思っていた」と話したそうです。

その後の那奈さんですが、自分にはみんなにはない「感覚過敏」があることが理解できて、少しずつＳＯＳを発信できるようになりました。中学では光が眩しいときにはサングラスの使用、音がつらいときには耳栓を使用するなど、母親と相談しながら学校の許可をもらって、感覚過敏のつらさを緩和するようになりました。

現在、大学の講義では音を調整するヘッドホン「ノイズキャンセラー（周囲の不快な雑音を低減する装置でヘッドホン型、イヤホン型などがある）」を使用しているそうです。口の中の強い過敏性は続いており、さらに噛むという行為で顎の骨が動く感覚の気持ち悪さがあるため、1秒間に1回くらいしか噛むことができません。そのため、肉類はとても小さく切らないと食べられないそうです。本人に「おいしいものを食べたい」という気持ちはあるので、とてもつらくて日常生活に影響を与える過敏性だといえます。

【事例から学べること】
「空気が読めない」「こだわりが強い」「感覚過敏」の見えづらさと本人の大変さ

ＡＳＤの子の対人関係の取り方は独特で、これらは「社会性」「コミュニケーション」「想像力」の苦手さによってもたらされています。

社会性の問題は、乳幼児期には、人の目を見ない、人見知りをしない、一人遊びを好むなどの傾向があり、一緒に遊んでいるようでも、相互関係が取れていないことがよくあります。小学生、特に子どもたちなりの社会性が必要となってくる3～4年生くらいになると、「空気を読む」ことが集団で求められるようになるため、大きな壁に当たってしまいます。もともとこだわりが強いのですが、人より物への興味が強く、数字や記号、特定の物などに執着する度合いが強くなっていくこともあります。思春期以降になると、他者と親密な関係を構築するのが難しい点が、大きな社会性の問題となってきます。

事例③の咲良さんは幼い頃によく大人の輪に入っていましたが、その理由は大人が本人の嫌がることをしないからであって、特定の大人に興味があったわけではないのです。しかし、定型発達の子でも一人遊びの好きな子もいますから、ＡＳＤの子であっても気づかれないケースは多々あります。事例④の陽斗くんも「少し神経質な子」として扱われ、小学校までは母親もＡＳＤを疑うことがありませんでした。

コミュニケーションの問題としては、難しい言葉や妙に丁寧な言葉遣いをする、声の高さや大きさが場にそぐわない、大げさな身振り手振りをするなどがあります。また、相手の表情や気持ち、言葉の意図を読み取ることが苦手であるというだけでなく、自分の言動が人からどう思われるか想像ができない、気持ちに応じた表情ができないなどの苦手さもあります。難しい言葉を知っているのに冗談が通じない、空気を読めないなどといった点で、より集団でのコミュニケーション力が必要とされる小学校中学年頃から、同年代のなかで孤立しがちです。

想像力の問題は、反復的行動や興味の狭さに表れます。陽斗くんもそうでしたが、幼児期には、物を並べるような遊びに固執する、同じ動作を繰り返す、同じ映像を何度も見る、特定の物を収集する、決まった食品しか食べない、予定変更を嫌う、初めての経験を嫌がるなどがよく見られます。そして、このようなこだわりからの切り替えができずに、パニックが集団の場でも頻発するようになると、教室にいづらくなったり、学校に行けなくなったりすることにつながってしまいます。これらは、決してわがままではなく、脳機能の特性から起きていると考えられていますが、周りからすると本人の大変さが「見えづらい」のです。真っ暗闇で先が見えない道を歩くのは誰でも不安ですが、ＡＳＤのある子どもたちは、常に真っ暗闇のなかを歩いているような感覚をもっているのかもしれません。予測する力が弱いために「同じこと」が安心で、繰り返しにこだわってしまうのです。

対人関係とは別に、身体の機能面や感覚面でもＡＳＤのある子どもには特徴が見られます。手先が不器用、左右の手で違う作業ができない、協調運動が苦手、平衡感覚が特異などの傾向があり、歩き方や走り方にもぎこちなさが見られがちです。日常生活に直結する箸や鉛筆がうまく持てない、リボン結びができない、力の加減が苦手などの困りごとが多く見られます。また、眼球運動や目と手の協応に問題があり、黒板とノートを交互に見て書く必要のある板書が苦手という特徴は、ＡＳＤのある子どもにも多く見られます。

事例⑤の那奈さんのように、音や光に敏感で日常生活に支障をきたす例も少なくありません。特に音への過敏さをもつ子は多く、騒がしい場所や苦手な音がするとパニックを起こしてしまう子もいます。なお、那奈さんの母親が「自分が放っておいたから」と語ったことはとても印象的です。母親は乳幼児期から毎日何時間もかけて、食事の工夫やサポートを続けてこられました。決して放置はされていません。その母親でさえ、子どもの感覚過敏の大変さが見えづらかったのです。さらに、子ども本人が、「みんな同じで我慢していると思っていた」と話していることからも、「感覚過敏に気づく」ことがとても大切であることが分かります。

感覚過敏については、あとで紹介する「感覚統合療法」の考え方を使うと、症状を緩和できることもありますし、上手に対処する力もついていきます。

【ASDの原因】見え方、とらえ方が違う、独特な脳の使い方

ASDのある子どもの生活での困りごとについて、脳機能の面から説明していきます。

周囲の情報をとらえるために重要な視空間認知機能が、「弱い」というより、「特異的である」ことがしばしば見られます。例えば定型発達の子どもであれば、母親が掃除機をかけていたら、「掃除機」と「お母さん」の両方を目でとらえ、動きや状況を把握して「掃除をしているお母さん」を認識します。ところが、ASDのある子どもは全体の把握が苦手なため、「掃除機のタイヤがくるくる回っていた」など一部分にだけ目がいきがちです。ですから、「母親が掃除をしていた」ではなく、「掃除機のタイヤが回っていた」と認識していることがあります。

こうした独特の見え方、とらえ方は、いくつかの研究がありますが、「右半球機能」などの脳の部分の使い方が、定型発達の子どもとは異なっているからだと考えられています。聴覚過敏もよく見られる特徴であり、目からも耳からも、周囲の情報が脳に入力しづらい状況であることが推察されます。

運動面では、バランス感覚の弱さや協調運動の苦手さ、不器用さがしばしば見られます。これらは、主に小脳機能によるものですが、近年小脳の機能として社会的認知や衝動コントロールにも関与することが分かってきており、ＡＳＤの症状と小脳機能の弱さとの関連性が示唆されます。

また、感情や情動と深い関わりのある扁桃体の体積が小さければ、ＡＳＤの症状が強いとの研究報告（注５）があります。脳神経細胞間での情報伝達を行う神経伝達物質のなかでは、感情や気分のコントロール、精神の安定に関わる「セロトニン」の低下が、ＡＳＤのこだわりなどの症状と関連がある（注６）ともいわれています。

ＡＳＤは「スペクトラム」ですから、その症状の強さや経過は多種多様であり、明確な答えは出にくいのですが、現在さまざまな研究が進行中です。今後の研究の発展、それが臨床で活かされていくことに期待したいものです。

（注５）：（参考文献）Spark BF et.al.(2002):Brain structural abnormalities in young children with autism spectrum disorder. Neurology 92:184-192

（注６）：（参考文献）Posey DJ et.al.(2008):Developing drugs for core social and communication impairment in autism, Child Adolescent Psychiatr Clin N Am 17:787-801

困っていることが同じでも、診断名は違うこともある

発達障害の診断や治療が難しい理由の一つとして、同じような困りごとを抱えていても、同じ診断名がつくとは限らない点があります。例えば、「かんしゃくを起こしやすい」という困りごとがあったとしても、ＡＤＨＤの「衝動性」が強く影響していることもあれば、ＡＳＤの「こだわり、切り替えの苦手さ」が影響していることもあります。もちろん、双方が関係していることも珍しくありません。

インターネットの簡易診断などでチェックをすると、ＡＳＤの診断がついている子どもでも、ＡＤＨＤの症状がたくさん当てはまってしまうことがありますし、その逆もあり得ます。「落ちつきがないからＡＤＨＤ」、「空気が読めないからＡＳＤ」など、簡単に判断していいものではありません。

不確かな情報や、親や学校の先生の判断だけで障害を決めつけてしまうと、本人の困りごとの背景を理解することが困難となり、本人に合わない接し方をしてしまい、かえって子どもを苦しめる事態になりかねません。そのためにも、診断をつけるためには医師が、検査も含めて複数の情報を集めるとともに、さまざまな角度からその子を観察する必要があります。

私たちの勤務する病院、発達センターでは、次章のようなアセスメントを実施したうえで診断、そして一人ひとりのニーズに合った治療をしていきます。

第3章

親子の「困りごと」を軽減し、子どもの成長を促す専門プログラムとは？

◆発達障害の診断とアセスメント

アセスメントと行動観察から、正確な診断を行い、行動理解を深める

発達障害の診断を行うにあたって、複数の情報源から本人を評価することが必要です。

①相談者（本人および保護者）が何に困っているのか、受診によってどうしていきたいのか
②発達およびこれまでの支援などの経過
③現在の日常生活、すなわち家庭や学校・園などでの適応状態（可能な限り、保護者だけでなく、学校側にもチェックシートなどでの情報提供を依頼します）
④専門的な心理検査、ＷＩＳＣなどの知能検査の実施（必要があれば、事象関連電位などの脳の生理学検査を行うことがあります）

このような①から④の評価を心理学的には、「本人アセスメント」といいます。

発達障害は、「生活の障害」ですから、日常生活場面での状況を知ることが不可欠です。こうした多面的なアセスメントを経て診断していくことで、個々の子どもとその家族の困りごとが明

らかになり、治療や支援の計画が立てやすくなっていくのです。丁寧なアセスメントを行わずに、親や先生が自己流の接し方を続けると、「よかれ」と思って取り組んできたことがうまくいかずに、子どもとの関係性が悪化してしまうことがあります。

なお、就学前の子どもの場合は、測定できる心理検査、発達検査は限られています。病院やクリニックの受診時には、保健センターなどでの発達検査の結果を持参すると、医師の診断の際に役立ちます。また、本人の診察室での様子、保護者からの情報だけでなく、日常生活の場である幼稚園や保育園の先生からの情報があるとよいでしょう。

また、診断名がついたときにも注意が必要です。わが子にＡＤＨＤやＡＳＤの診断がついたり、疑いがあると言われたりすると、親は診断名に特徴的な行動に注目し過ぎて、その行動を矯正しようとします。ＡＤＨＤであれば、少しゴソゴソしつつも座って宿題をしているのに、「落ちつきなさい」と叱り続ける、ＡＳＤであれば、興味ある話をしようとしているのに、「同じ話は聞きません」とコミュニケーションをシャットアウトしてしまう、などがありがちな例です。

いずれも子どもを思っての行動なのですが、子どものほうは、「やりたくてもできない」「やろうとしていたら叱られてしまった」と受け止めてしまうのです。乱暴な言い方をすれば、視力の弱い子にメガネをかけずに黒板の文字を読むことを求めているようなものです。

子ども自身も頑張って親の期待に応えようとしますが、思うような結果をすぐには出せません。それでも親が「頑張れ」「やればできる」とせかすことで、子どもはさらに追い詰められて、反抗的になったり、やる気を失くしたりしてしまいます。親のほうは、「できるようにしてあげたい」という思いが強ければ強いほど、変化が表れないことに苛立ちを覚えたり、自己嫌悪に陥ったりしてしまいがちです。このような親子のやりとりの悪循環が続くと、そこから親子の軋轢が生まれてしまいます。

また、学校での接し方にも注意が必要です。発達障害のある子どもを受け持った経験のある先生のなかには、「このタイプの子の接し方は心得ている」と自信をもっていて、パターン的に接することがあるためです。これまで繰り返し述べてきたとおり、子どもの特性は一人ひとり違いますから、たとえ同じ診断名であっても同じ接し方でうまくいくとは限りません。

例えば、授業中に立ち歩いてしまうのであれば、少し離れて観察し、なぜそのような行動をするのかを考察してみます。すると、休み時間と授業時間で気持ちの切り替えがうまくできない、校庭から聞こえる声が気になって仕方がない、ずっと座っているので身体を動かしたい欲求がある、授業がつまらないと感じているなど、さまざまな可能性が見えてきます。

一つひとつの行動には、必ず本人なりの「理由」があります。無理に不適切な行動を抑制させても混乱するだけですから、それよりは「どうすれば着席して授業を受けられるようになるのか」を考えるなど、「適切な行動を増やす」という視点で考えるほうが効率的なのです。授業に集中できるような話題やゲーム性を取り入れてみる、集中が切れてきたときには「ポン」と肩を叩いて注意を促す、座席を気になる音や物から遠ざけるなど、工夫できることはたくさんあります。

もちろん学校だけでなく家庭でも同じです。「宿題をやらない」という不適応行動のなかにも多くの意味が隠れており、その子にとって「やりたくない理由」「できない理由」が必ずあるものなのです。表面的な事象だけを見て解決を試みるのではなく、丁寧なアセスメントと行動観察によって、不適切な行動の背景をとらえていく姿勢が必要です。

◆周囲の大人が「接し方」を共通理解する

家庭と学校とで本人を共通理解して、その子に適した「接し方」をしていく

発達障害のある子どもの健やかな成長のためには、子どもと日々接する大人が、子どもに自信を与え、やる気を起こさせる「子どもに合った接し方」をすることが大切です。そのためには、その子に接する大人が「共通理解」していることが欠かせません。

気をつけないといけないのは、母親が主治医や専門スタッフから、普段の診療や専門プログラムを通して子どもにとって必要なアプローチを習い、実践しているのに、父親の接し方が極端に異なっている場合です。同じ行動をしても、母親と父親の接し方が異なってしまうと、子どもは「適切な行動」と「不適切な行動」で混乱してしまうからです。これには、父親が子どもの発達障

害を受け入れられず、「甘やかし過ぎだ」と厳しく接することもありますし、「子どもはこんなものだ」と自身のこれまでの接し方に固執してしまうこともあります。また、子育てに協力的で週末には子どもとよく遊んでくれるのですが、平日の朝や夕方の「母親と子どものバトル」の時間には不在なため、母親から見ると「甘やかし過ぎ。自分ばかりいい顔をしている」と不協和音が生じてしまうこともあります。ただし、決して「夫婦で同じ接し方をしてください」とお願いしているわけではありません。母親と父親で接し方が多少異なっても、子どもに無関心でなければ大丈夫です。「この子は、何に困っているのだろう。どうしたいのだろう」と「子ども理解」を母親目線、父親目線でぜひ進めてください。そして、夫婦で話して、共通理解をしていけばいいのです。このような子ども理解のためには、専門家目線も加えてもらったほうがよいでしょうから、夫婦での共通理解のためにも、可能な範囲内で子どもの受診に父親も同席する機会をつくってください。

また、学校の先生と共通理解をしていくことも非常に重要です。具体的には、担任の先生と密に連絡を取り、本人の特性や苦手なこと、パニックが起きたときの対処方法などを伝えます。特別支援教育のなかで作成される「個別の教育支援計画」(注7)は、保護者も一緒に考えていくことができますし、先生のほうでも適切な接し方が分からず悩んでいるケースも少なくありませんので、「迷惑では……」と気後れせずに、学校に支援をお願いしてください。その際に、それまでの成長の経過を示したうえで、本人についての「共通理解」を深めていくことが大切です。

（注７）個別の教育支援計画：教育、医療、福祉、労働などの関係機関が長期的視点で年代別に立てる「支援計画」のうち、教育機関が中心となって作成するもの。
一方、「個別指導計画」とは、個々のニーズに応じた教育指導を行うために学校で作成し活用するもの。

◆ソーシャルスキルトレーニング（SST）

自然に身につきづらい社会性は、SSTで楽しく学ぶ

アセスメントによって不適切な行動の背景が見えてくれば、その行動を少しでも軽減する方法を実践していきます。併せて、「適切な行動を増やす」「社会性を伸ばす」という、成長を促す支援を行っていきます。将来、自立した大人になるためのサポートを開始するのです。

ここで大切なことは、「本人が困っている」という視点です。幼児期までは親の判断、価値観が基になっても構いませんが、小学生くらいからは「本人の気持ち」を最優先しなければなりません。もちろん、「親としてこのような力をつけていってほしい」「学校集団で周囲が困らない行動をしてほしい」という視点も、社会で生きていく力をつけていくためには必要です。しかし、子ども自身が、「〇〇できるようになりたい」と思って取り組まなければ、本人のスキルは伸びてい

きませんし、セルフエスティームは上がっていきません。

例えば、一人遊びを好む子に、「友達と遊んでおいで」と言っても、本人にとってはつらいだけです。反対に、友達と遊びたいと思っている子に「迷惑を掛けるから、友達とは距離をおいてちょうだい」と言えば、とても悲しい思いをするでしょう。まず、本人がどうしたいか、どうなりたいかを確認することです。「友達と遊びたいのに、なぜか避けられてしまう」のであれば、「一緒に遊べたら楽しいね」という共感からスタートし、次に「なぜ友達と遊べなかったのか」に気づかせ、どうすれば楽しく遊べるようになるのかを具体的に学んでいきます。

この「気づき」と「学び」に効果を発揮するために、ＳＳＴ（ソーシャルスキルトレーニング）があります。

定型発達の子どもは、特別なトレーニングを受けなくても、集団での経験を基に、自然と社会的なスキルを身につけていきます。「人前で鼻の穴に指を入れるのは恥ずかしい」「遊びに誘うときにはタイミングが重要」「高いところから飛び降りると怪我をする」といったことを、周囲の大人や友達の言動やテレビや漫画などの情報から自然と理解し、自身にフィードバックさせていくことができます。

しかし、発達障害のある子どもは、人とのコミュニケーションが苦手で、周囲の状況を読み取る力が弱いため、その年齢で期待される社会性の習得が難しいのです。そこで、社会のルールやマナー、感情のコントロールや心身の危機を避ける方法などを学び、練習して身につけるＳＳＴ

が必要になるのです。

基本的なＳＳＴは、以下のような手順で行われます。

①なぜ、このスキルが必要なのかを提示する（導入）
②適切な行動と不適切な行動を見せ、良い点、悪い点を考えさせる（モデリング）
③グループのリーダー（進行役）や参加している子どもを相手に練習する（ロールプレイ）
④ロールプレイでうまくできた点を具体的に褒めてもらう（フィードバック）
⑤宿題として家庭や学校で練習した内容を実践し、振り返ることで、日常生活で定着させる（汎化）

このようなＳＳＴは、通常少人数のグループで行います。個別で行うと、どうしても「教えてもらう」ようになってしまい、気づきと主体的な学びにつながりにくいからです。グループのリーダー（進行役）は、医師や心理士、作業療法士、精神保健福祉士、看護師などの専門職が行うことが多いのですが、学校などでも「ソーシャルスキル教育」として先生が上手に行っているところもあります。

家庭や学校内で行う場合は、絵のついたカードや絵本を利用したり、実際に困った場面を振り返ったりして、日常生活のなかでどのような言動が求められるのかを学習していきます。例えば、

図表4　見られがちな失敗　エスコアール絵カード

書籍名：ソーシャルスキルトレーニング絵カード 状況の認知絵カード 1
編・著：ことばと発達の学習室 M
発行元：エスコアール

順番を守れずにトラブルが起こりがちな子どもの場合（図表4）は、教室で順番を守らず列に割り込んでいる子どもが描かれた絵カードを見せて、「この子（割り込んだ子ども）は何をした？」と聞いてみて、「横入りをした」などの気づきが得られたら、「この子はどんな気持ちで横入りしたのかな？」「（横入りされた）子は、どんな気持ちかな？」とさらに聞いてみます。そして、その気づきに応じた対処法を一緒に考えて、練習していきます（204ページ参照）。

このような場合は、個別でのSST的な練習ということになりますが、より日常生活に即した練習ができるので、本人が主体的に学んで練習していけるように進めていけば、効果は十分に期待できます。

また、絵カードでの気づきが得られにくい場合は、遊びのなかで同じような状況を再現してみます。例えば、お気に入りのキャラクターの人形や車を実際に並べて割り込みの様子を再現すると、人形や車の位置が後ろに下がってしまうことに気づくはずです。そこで「良いところに気づいたね」と褒めるとともに、「横入りされると、順番が遅くなって困る子がいるよね」「横入りされた子が、こけてしまったね」などと、状況を分かりやすく伝えて、具体例を認識できるようにしましょう。

発達センターでは、小学生６名前後のグループでＳＳＴを行っています。もともとは、「ＡＤＨＤの診断・治療ガイドライン」(注8)で紹介されているＵＣＬＡ（米国カリフォルニア大学ロサンゼルス校）方式のＳＳＴに準じて、学習タイムが50分、遊びタイムが40分と親プログラム（40分、学習タイムに並行して実施）の計1時間半で、全10回のプログラムを行っていました。しかし、ＡＳＤ特性をもった子どもたちの参加が増えてくるなかで、「気づき」には個別性が大きいことを再認識したため、現在は「遊びタイム①→学習タイム→遊びタイム②→振り返り」という流れで、1回2時間、計8回で行っています。遊びタイム①で出てきた課題を学習タイムで振り返って、一人ひとりの「気づき」を促進し、その対処法を練習したうえで、遊びタイム②のなかで実践してみるのです。

本書では、ＵＣＬＡ方式のＳＳＴ（図表5）に沿って説明していきます。

図表5　SST年間計画（例）

	学習タイム（50分） ➡	遊びタイム（40分）	親プログラム【学習タイムに並行実施】
①	ルール説明・自己紹介	身体を思いっきり使う	オリエンテーション
②	場面や表情を読む	相手の動きをしっかり見る	場面を見て先を読む
③	行動による結果を予測する	相手の動きを感じる	遊びタイムのねらい（OT）
④	上手に誘う	大人を誘って遊びにチャレンジ	遊びの始め方
⑤	理由を尋ねる	ペアで相談しながら合わせてGo	遊びの続け方
⑥	やり方を教えてもらう	ペアで大人に尋ねる	学校との連携
⑦	褒める	相手の行動を言葉でサポートする	身体感覚と対人スキル（OT）
⑧	怒りのコントロールの仕方	自分も動きながら相手をサポート	衝動のコントロール
⑨	断って意見を言う	ペアで共同作業にチャレンジ	学習タイムの見学
⑩	まとめ	チームで共同作業にチャレンジ	フィードバック

まずは、ウォーミングアップで身体を動かします。発達障害のある子どもは、身体に刺激を与えると落ちつくことが分かっており、こうすることで学習タイムに集中して話を聞くことができます。

学習タイムの導入でテーマの説明を受けたあとは、スタッフが悪い例と良い例のモデリングを行います。「人のふり見て……」という言葉があるように、誰しも他者の「良くない言動」には気づきやすいものです。発達障害のある子どもも同様に、スタッフがありがちな失敗や不適切な行動を目の前で演じると、「それは良くない」と理解しやすいです。そして、どうしたら「適切な行動」になるのか、みんなで発案し合うことで、理解が深まっていきます。

モデリングのあとは、子どもたちによるロールプレイです。一人ひとりのロールプレイをしたあとに、スタッフも交えて、お互いに「良かった点」を指摘してもらいます。他者の行動を観察することで、自身の行動の適切さも振り返りやすくなりますし、友達の「良い行動」を探すことで、他者の良い面に目を向ける力が育まれる効果があります。もともと言語表出が苦手なことに加えて、どうしても失敗体験が多くなってしまうため、人前で話したり、演じたりすることが苦手な子どもが多いのですが、ロールプレイのあとには友達やスタッフが褒めてくれることを学習していくため、回を重ねるうちに堂々と演じられるようになっていきます。

学習タイムのあとには、楽しい遊びタイムがあります。学習タイムで学んで練習したスキルを、遊びのなかで実際に使って楽しく遊びきる体験を重ねること、そしてそのスキルを自宅や学校で実践して成功体験を得ることが大切です。これらを通して、子どもたちは他者と関わるためのコミュニケーションスキルを少しずつ身につけていくとともに、セルフエスティームを向上させていくことができます。

身につけていってほしいスキルは、図表5の学習タイムに書いてあるとおり、「誘う」「尋ねる」「怒りのコントロール」「断る・意見を言う」などです。これらは、「友達と一緒に遊ぶ」ために必要でもあり、普段の生活でも大切なスキルです。また、コミュニケーションの基本となるスキルについては、「SSTの合言葉（図表6）」として、「しっかり見て、じっくり聞いて、はっきり言おう」を毎回のセッションで確認し合うとともに、上手にできているときにはスタッフから褒めるようにしています。

図表6　子どものSSTの基本スキル（例）

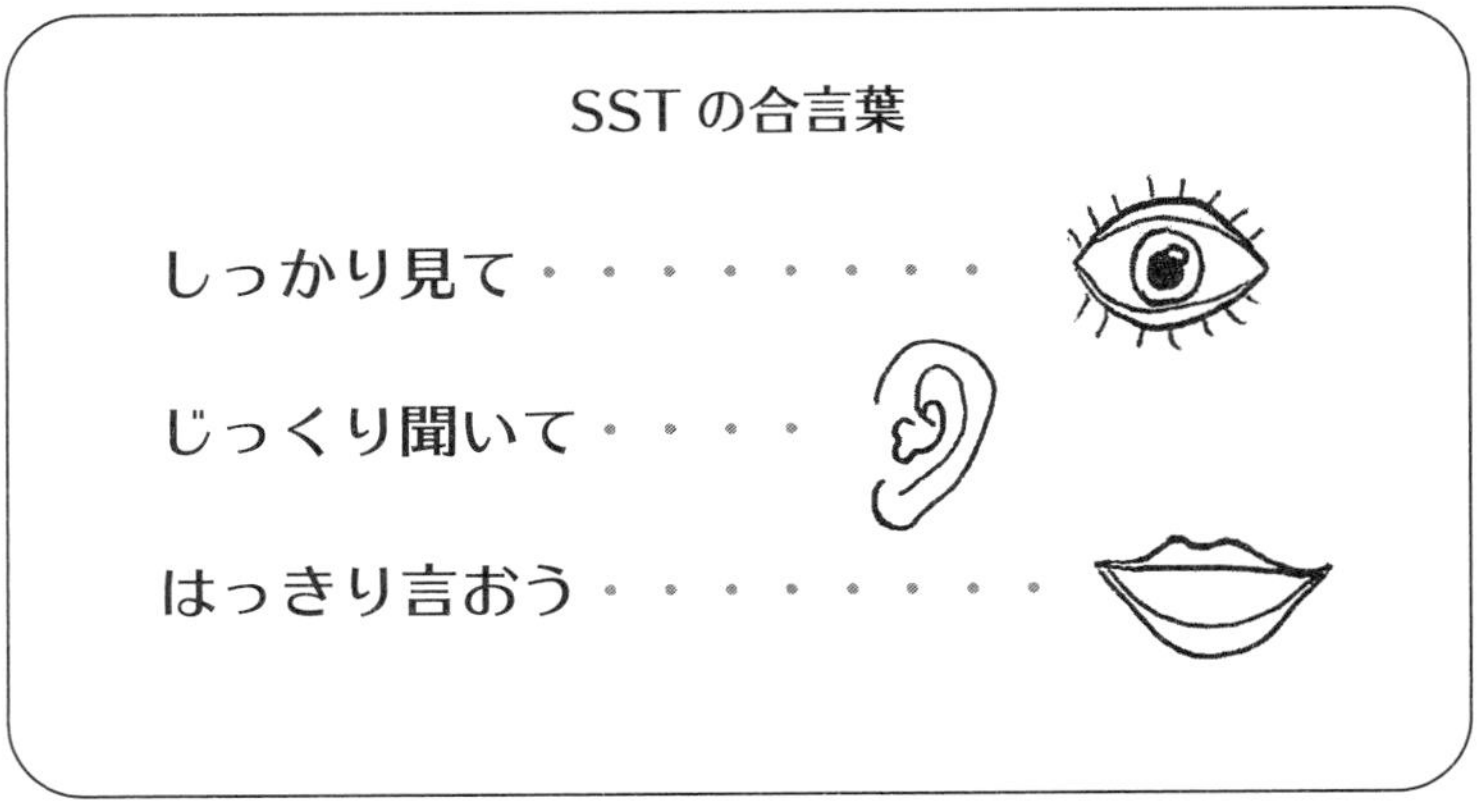
SSTの合言葉
しっかり見て
じっくり聞いて
はっきり言おう

これらのＳＳＴで学ぶ「コミュニケーションのスキル」を、子どもたちには「ワザ（技）」と表現して教えています。「ワザをうまく使って、友達と楽しく遊べるようになる」という最終目標を掲げていますが、全セッションが終了する頃には、タイミングよく誘ったり、お礼を言ったり、気持ちを言葉で表現できたり、感情のコントロールができるようになったりなど、明らかな成長が見られるようになってきます。

また、ＳＳＴでは、親の協力も重要です。「スキルを日常の生活で使えるようになる」ことがＳＳＴの目標ですから、親プログラム（図表５）を通して、「今回習ったスキルはなぜ必要なのか」ということを親も理解して、子どもが宿題として家庭や学校で取り組むのをサポートするとともに、できたこと、頑張っていることに注目して「褒める」

ようにしていきます。宿題シートには、親が確認してコメントを入れる欄を作ってあります。

また、宿題シートには、学校の先生のコメントを入れる欄もあります。例えば、子どもが「上手に誘う」スキルをＳＳＴで習ったことを先生に伝えて、そのときの宿題を学校でうまくできていたら、「○○くんをタイミングよく、声掛けして誘っていました」などプラスのコメントを書いてもらいます。実際にスキルを使う機会がなくても、「『ＳＳＴで習ったスキルを遊びで使えた』と嬉しそうに話してくれました」と書いてもらえるだけで、本人の達成感は十分得られます。先生からの褒め言葉のパワーは絶大ですし、学校での成功体験は適切なスキルの定着につながりますので、親が仲介するなどして、可能な範囲内にて先生の協力を得ていってください。

家庭など日常生活場面で、どのようにＳＳＴを参考とした「接し方」をしていくことができるのかについては、第４章で詳しく説明していきます。

ＳＳＴ的接し方をするときに大切なことは、グループでのＳＳＴと同様に、「本人の気づき（なぜこのスキルが必要なのか）→本人のモチベーション（このスキルを身につけたい）→楽しく、本気で取り組む（できた！）」という流れをつくることです。そして、得られた成功体験を親子で一緒に喜んでください。

（注８）参考図書：『注意欠如・多動症－ＡＤＨＤ－の診断・治療ガイドライン　第４版』齊藤万比古編、じほう、２０１６年

◆ペアレントトレーニング

ペアトレで良い親子関係の循環をつくる

発達障害のある子どもへの接し方の基本は適切な行動を褒めることです。「自分はダメだ」「頑張ってもできない」という否定的な感情を抱かせないためにも、小さくてもできたことに注目して褒めてあげましょう。ただし、「お利口ね」「いい子ね」「すごいね」といった、あいまいな言葉では適切な行動を増やすことはできません。できるだけ具体的に、タイミングよく声を掛ける必要があります。

一見簡単そうですが、実生活ではなかなか難しいものです。特に長年「なんでできないのだろう」「どうして分かってくれないのだろう」と、悩んできた親であれば、子どもの「良いところ」に気づきにくい傾向があります。実際、初診時に「お子さんを具体的に褒めてください」とお願いしても、「褒めるところがない」と回答する親は少なくありません。

そこで、親にも「褒める」ためのトレーニングが必要になります。子どもの行動の好ましい部分に注目し、適切なタイミングと言葉で褒める。日常的にこのような褒め方ができるようになると、子どもの好ましい行動は増え、好ましくない行動は減っていきます。

図表7　ペアトレのプログラム（例）

☆基本プラットホームの内容を含めたもの、順番は一例

☆行動観察と褒めることに重点、指示・計画的無視も褒めることを強調

1）子どもの行動を観察して３つに分けよう

「行動の理解」

３つのタイプ分け（好ましい、好ましくない、許し難い）　⇒まず、褒める

2）子どもの行動の仕組みを理解しよう

「行動の仕組み（ABC）」の理解　⇒褒めるチャンスをつくる

3）楽しく褒めよう―親子タイムと環境調整―

家庭で褒める環境を整える　⇒「褒める（親）⇔褒められる（子）機会」を増やす

4）子どもが達成しやすい指示を出そう

CCQで指示、最後に褒める（25%ルール）　⇒褒めてできることを増やす

5）待ってから褒めよう、上手な注目の外し方

好ましくない行動を減らす　⇒待ってから褒める（計画的無視）

フォロー回）振り返りと近況報告（特に褒めること）【１～２カ月後の実施を推奨】

このような「褒め方」を中心とした「子どもに応じた接し方」を身につけるためのプログラムとして、「ペアレントトレーニング」（通称：ペアトレ）があります。アメリカ、イギリス、カナダでは、発達障害の治療の基本として推奨されており、日本では「ＡＤＨＤの診断・治療ガイドライン」のなかでも、前述の子どもへのＳＳＴと同様に、有効な支援方法の一つとして取り上げられています。また、厚生労働省の「発達障害児者及び家族等支援事業」においても、地域での推進が図られています。

ペアトレでは、同じような悩みをもつ親が集まり、４～８名の小グループで１回90～１２０分のプログラムを５～10回受けます。図表7は、厚生労働省支援事

業の成果物である『ペアレント・トレーニング実践ガイドブック』(注9)で示された「基本プラットホーム（これだけは含めてほしいペアトレのコンテンツ）」に沿ったプログラムの一例です。

参加した親は、毎回「良いところ探し→前回宿題の報告→その回のテーマ学習、演習やロールプレイ」の流れで学び、子どもの「適切な行動」を増やすための接し方を身につけていきます。日常の生活のなかで、自分の子どもの「良いところ」を見つけ、そのエピソードをペアトレセッションのなかで披露し合います。ここでも、「褒めるところがない」という声をよく聞きます。これは、不適切な行動に目がいってしまったり、「○年生なのだから、これくらいできるだろう」という大人目線から「ちょっと良い行動」を見逃してしまったりするからです。決して、親が子どもに無関心であったり、子どもが怠けたりしているわけではないのです。発達障害のある子どもは、「接し方のツボ」が狭くて、親が一生懸命関わろうとしても、うまくいかないことが少なくありません。

図表8のように、親が熱心に接しても減らない「不適切な行動（問題行動）」についつい目がいってしまい、「なんでできないの」「いつもあなたはそうなる」とマイナスの決めつけが増えてしまうため、子どもはやる気をなくしたり、反抗したりしてしまいます。そうなると、親はますます不適切な行動に目が行ってしまい、親子のやりとりの悪循環に陥ってしまうのです。ペアトレでは、グループだからこその「悩んでいるのは自分だけでない」という気づきが得られやすいです。そのため、「これまでの自分の努力は間違ってはいなかった。でも、この機会に『褒めるこ

図表8　親子関係の悪循環をプラスの関係にする

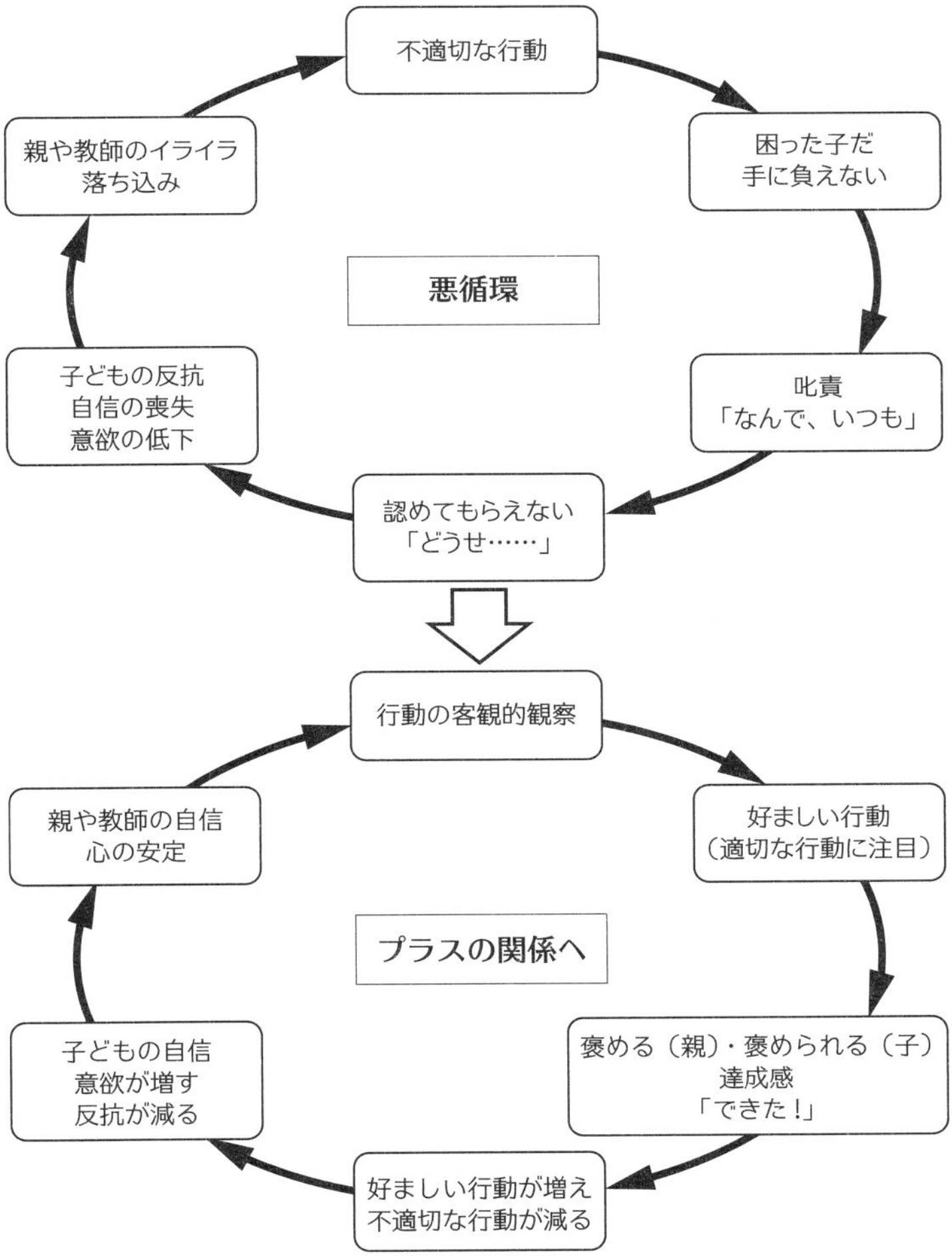

株式会社 UT ケアシステム『ペアレントトレーニングの研修に行ってきました!』を基に独自作成

と』を徹底してみよう」と、高いモチベーションをもって、子どものちょっとした「好ましい行動」を褒めることに取り組んでもらいやすくなります。そして、「褒める（親）⇕褒められる（子ども）」のやりとりが徐々に増えてくることで、好ましい行動が増えて、親子のやりとりがプラスの関係となっていきます。こうなると、子どもの自信、意欲は増しますし、セルフエスティームの向上も期待できます。親は養育への自信を回復して、ますます褒め上手となっていくのです。

（注9）参考図書：『ペアレント・トレーニング実践ガイドブック』令和元年度障害者総合福祉事業推進事業、一般社団法人日本発達障害者ネットワーク　JDDnet事業委員会作成（日本ペアレント・トレーニング研究会ホームページから閲覧可能）

ペアトレのノウハウを活かして「褒め上手」になる

褒めるためには工夫も必要です。ペアトレに参加することで、その行動理論に基づくプログラム構成から子どもの適切な行動を増やすことができ、一層褒めるチャンスが増えてきます。

「指示の出し方（図表7の4）」の内容を紹介しましょう。例えば、切り替えが苦手で気が散りやすい子どもがゲームに夢中で宿題をやらない場合には、どのように指示を出せばよいのでしょうか。まず押さえるべきポイントは、いきなり指示せずに、「あと5分でやめて、宿題をしよう」と予告することです。この際には、「指示」を「本人との約束」として、しっかりと伝えることが大切です。目を見て、指差しで時計の針を確認させて、タイマーをセットする、復唱させるなど、特性に合わせて子どもが指示を理解できて、達成しやすくなるような工夫を取り入れます。そして、約束の時間になったら、「穏やか（Calm)」に、「近く（Close)」で「落ちついた声（Quietly)」（CCQ）で指示を出します。口答えをしても叱ったりなじったりせず、穏やかながらも、きっぱりと指示を繰り返します。「もうあと3分したら」などと言う子どもからの取り引きにも応じません。そして、子どもが指示に従い始めたら、「自分でゲームをやめられてえらいね」と、好ましい行動を具体的に褒めるのです。また、片付けや身支度などでは完璧を求めず、実行してほしいことの４分の１程度ができたら褒める「25％ルール」が有効です。褒めるハードルを下げて、褒めるチャンスを増やすことで、結果的に何度も褒めて、目標に到達することができるようになるからです。

ペアトレに参加すると、親は「褒め上手」になります。そして子どもも、「もっと褒めてほしいから頑張ろう」と前向きになって、「褒められ上手」となっていきます。「褒める」という接し方を継続していくと、良い循環が生まれ、子どもの好ましい行動がどんどん増えていくのです。

行動を客観的に観察して、「子どもの行動を3つに分ける（図表7の1)」ことも、大切です。２つに分けると、どうしても「良い行動・良くない行動」となって、良くない行動に目がいきがちです。図表9のように、「好ましい行動・好ましくない行動・許し難い行動」の３つに分けて、まずは「好ましい行動に目を向けて褒める」時期を一定期間もつようにします。もちろん、25％ルール

図表9　行動を３つに分けて一貫した対応*をする

好ましい行動〈増やしたい行動〉	好ましくない行動〈減らしたい行動〉	許し難い行動〈すぐ止めたい行動〉
褒める すぐ、具体的に 指示するときは（注意を引いて）予告 →CCQ で指示 →25%ルールで褒める	**無視** 待ってから褒める 無視するときは、好ましくない行動から注目を外して待つ →好ましくない行動が止まったり、好ましい行動が出てきたときに、すかさず褒める	**リミットセッティング** 警告→タイムアウト タイムアウトするときの注意点 ・きっぱり、一貫性をもつ ・長過ぎる罰や身体的な罰はダメ ・終了したら水に流す
例）「ジュースはおやつ、朝は牛乳」と言われて、しぶしぶ牛乳を飲んだ	例）朝の登校前、「ジュースが欲しい」とぐずぐず言う	例）「ジュースはダメ！」と叱られて、スプーンを投げつけた

＊好ましい行動に注目して褒める時期を一定期間もつ

です。そうすることで、前述したように「親子関係の好循環」が生まれやすくなり、好ましい行動が増えてきます。さらに一貫した対応を続けることで、好ましくない行動や許し難い行動も徐々に減ってくることが期待できます。

家庭や学校の環境調整がペアトレの効果をアップさせる

ペアトレでは褒めるだけでなく、「褒めやすい環境づくり」、すなわち「子どもが成功しやすくなる環境調整」にも着目します。

この環境調整は、子どもの特性だけでなく、年齢によっても変わってきます。例えば、「晩ごはんだから、テーブルの上のおもちゃを片付けて」と指示した場合、大量のおもちゃが散乱していると、一つのおもちゃを片付けたことを褒めても、子どもの達成感はわずかです。しかし、テーブルの上に一つだけ残っていたおもちゃを片付けたときに、「おもちゃを片付けてくれたから、お料理を一緒に並べることができるわ。ありがとう」と褒めると、子どもは「片付け」という行動を褒められただけでなく、「お母さんの役に立てた」という喜びを感じることができます。このような場面をつくるためには、事前の環境調整が必要です。子どもがまだ幼児なら、親が手助けしながらおもちゃを減らしておく、小学生低学年なら親がお手本を示したうえでおもちゃを減らしておくなどが考えられます。

このように、「できた」という成功体験と「役に立てた」という自分の価値観につながる体験をすることは、子どものセルフエスティームを高めるために効果的な方法です。

発達障害のある子どもは、身の回りのことを計画的にスムーズにできない場面が多くあります。時間に間に合わせるために親が仕方なく手を貸し、「お母さんがやってあげないと何もできないんだから！」と叱ってしまったという経験のある人もいるでしょう。しかし、最後の一つを子どもにさせれば、「帽子を自分でかぶれたね」「お片付けできたね」と、自然に褒めることができるチャンスが増えてくるのです。褒められることで、子ども自身も「自分でやってみよう」という気持ちが強くなり、徐々に親が手助けしなくてもできるようになっていきます。

学校でも経験豊富な先生が、授業に必要な道具を運ばせる「お手伝い」を発達障害のある子どもにさせて、「力持ちの君が手伝ってくれるから先生助かるよ。授業も一緒に頑張ろうね」と、セルフエスティームを高めてから、授業に参加させた例を聞いたことがあります。

このように褒めるチャンスを大人が増やして、子どもができたら褒めるようにすることで、子どもにできることが増えていきます。そして、褒めるときに大切なのは、「できたことは子どもの手柄にする」ことです。褒められた気がしない褒め方はしないようにしましょう。例えば、せっかくできたのに「いつもこうだったらいいんだけどね」や「どうして最初からそうしなかったの」とは言わないであげてください。「お母さんが手伝ったからできたんだよ」は心のなかにとどめて、あとで、自分で自分をしっかり褒めましょう。大切なことは、親子一緒の笑顔です。

ペアトレ的な接し方はどこで、どうやって学ぶのか？

ペアトレは、発達特性の知識をもち、行動療法やカウンセリングの経験がある医師や心理士などの専門家によって、これまで実施されてきました。しかし、発達障害のある子どもとその家族への支援ニーズの高まりを受けて、ペアトレのグループの進行を担うファシリテーターの養成が急務となってきたことから、日本ペアレント・トレーニング研究会をはじめ、いくつかの機関がファシリテーターの養成研修を行うようになりました。医療機関だけでなく、発達支援機関にもその研修を修了した専門家が少しずつですが増えてきていますので、ぜひお住まいの地域でペアトレを実施している機関を探してみてください。

なお、受講する親に対して、「ダメ出し」や「こうしなさい」と強制するような指導をペアトレでは行いません。ペアトレは、親が子どもへの関わり方を真摯に学んで身につけていくなかで、子どもとの「接し方」をスキルアップさせるとともに、自分自身の養育のストレスも軽減していくものです。ファシリテーターは、「親の気づき」をサポートする存在であり、一緒に子どもの一つひとつの行動を理解して、そのときの子どもの状況に応じた「接し方」を親自身が考えて実践できるようサポートしていきます。どうぞ安心して受講してみてください。どうしても、地元にペアトレ実施機関がない場合は、市販されているマニュアル本（注10）を参考として、普段相談している医療機関や発達支援機関の方のアドバイスも受けながら、自宅でトライしてみるのもいいと思います。いずれにしろ、段階を踏みながら接し方を学び、今までの親子関係を見直しつつ、「わが子の観察と褒めることの達人になってほしい」と切に願います。

（注10）参考図書：
・『子育てが楽しくなる5つの魔法』井上雅彦、アスペエルデの会、２０１２年
・『困っている子をほめて育てるペアレント・トレーニングガイドブック（改訂版）』岩坂英巳、じほう、２０２１年
・『こうすればうまくいく発達障害のペアレント・トレーニング実践マニュアル』上林靖子他、中央法規、２００９年
・『肥前方式親訓練プログラム　ＡＤ／ＨＤをもつ子どものお母さんの学習室』大隈紘子他、二瓶社、２００５年

◆感覚統合療法

発達障害の子どもにとって感覚統合がいかに難しいかを知る

ＳＳＴとペアトレに加え、近年注目を浴びているのが、感覚統合理論(Sensory Integration:SI)です。１９６０年代にアメリカの作業療法士であるエアーズ（Ayres,A.J.）博士が提唱し、行動や教科学習に困難さのある子どもに対する感覚統合療法（セラピー）として始まりました。

エアーズ博士は感覚統合を次のように定義しました。

感覚入力を活用するための組織化。「活用」は身体や環境の知覚、または適応反応、または学習過程、あるいはいくつのかの神経系の発達であるかもしれない。感覚統合を通して、人が環境と効果的に関係し、適切で満足な経験ができるように神経系のいろいろな部分が一緒に働くようにする（注11）。

私たちは無意識のうちに、身体や周りから感覚情報を神経系でうまくまとめ、それを活用することで適切な行動ができていますが、この過程を感覚統合といいます。

図表10　感覚統合の実践

① **感覚統合療法（第2章）**
→治療的な考えをベースとする
・熟練したセラピストによるきめ細かいアプローチ
・子どもの個性に合わせたオーダーメイドの活動
・豊かな感覚が体験できる設備

② **感覚統合の視点を用いたアプローチ（第3章）**
→日常生活のなかに感覚統合の視点を取り入れる
・保育、療育、教育、家庭生活のなかに取り入れる
・本人が過ごしやすい関わり方、環境の提供
・本人の力を伸ばす活動の提供

（注11）参考図書：『子どもの発達と感覚統合』A.Jean Ayres、協同医書出版社、１９８２年

感覚統合の実践について

感覚統合の実践は大きく分けて2つあります（図表10）。1つは、感覚統合療法で、病院などの設備の整った場所で熟練したセラピストによって行われます。この章の後半で詳しく説明します。もう1つは、感覚統合の視点を用いたアプローチで、保育、療育、教育あるいは家庭生活のなかに感覚統合の視点を取り入れる方法です。こちらは第４章の具体的なアドバイスのなかで詳しく説明します。

感覚について

一般的に「感覚」と聞いて思い浮ぶのは、五感（視覚、聴覚、嗅覚、味覚、触覚）ですが、感覚統合療法では、五感に「固有感覚」と「前庭感覚」

図表11　感覚の種類

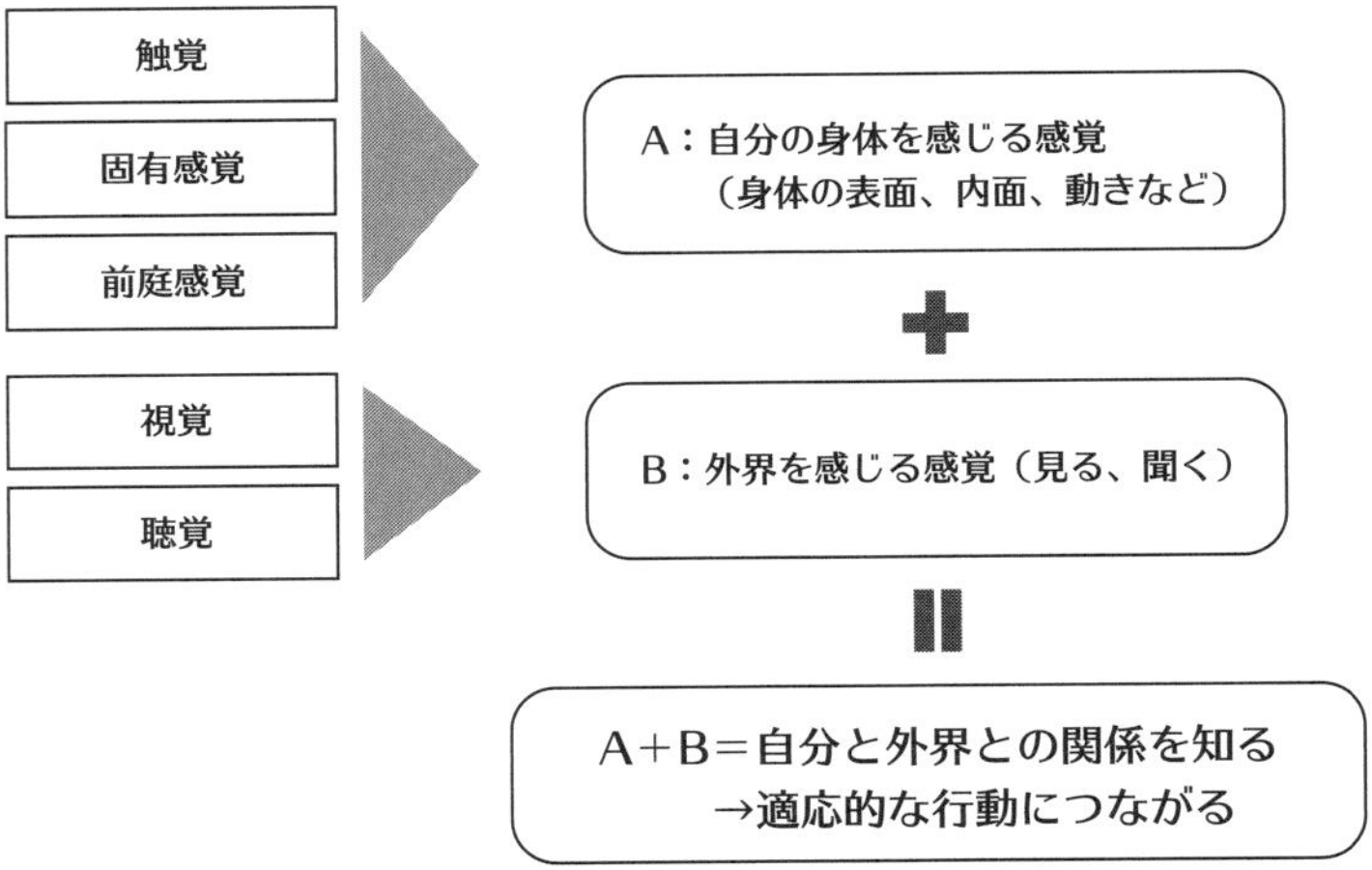

を加えた7つの感覚が、神経系の発達に重要な役割をしていると考えています。なかでも、エアーズ博士が注目したのは自分の身体を感じる「触覚」、「固有感覚」、「前庭感覚」の3つの感覚です。自分の身体を感じる感覚と外界を感じる感覚「視覚」「聴覚」がうまく統合されることで、自分と外界との関係を知り、適応的な行動をすることができるようになります（図表11）。

ここでは、自分の身体を感じる3つの感覚を紹介していきます。

●触覚

素材の質や形を感じ分ける識別覚、熱さ、冷たさを感じる温度覚、痛みを感じる痛覚などがあり、皮膚にセンサーがあります。触覚には主に3つの働きがあります。①痛みなどを感じて危険を察知する、いわゆる身を守る働きで、この働きが過剰であると触覚過敏となります。②素材の違いなどを識別する働きで、手先を器用に動かす際に重要となります。③触覚は自分の身体の輪郭を知り、自他の区別をつけるために必要だといわれていて、情緒面や対人面にも大きな影響を及ぼします。

●前庭感覚

身体の傾きやスピード、揺れなどを感じる感覚で、耳の奥にある耳石器と三半規管がセンサーです。前庭感覚には、主に３つの働きがあります。①身体のバランスを調節します。②ゆっくり、速くなどのスピードを調節します。③眼球運動に深く関係します。眼球運動は、周囲の状況の把握や、読み書きなどに大きく関係しています。

●固有感覚

身体の位置や動き、力の入れ具合を把握する感覚で、筋肉、腱、関節にセンサーがあります。固有感覚には、主に３つの働きがあります。①自分の身体の位置と動きの程度を把握し、力加減にも関係します。②前庭感覚と連携し姿勢を保ちます。③筋肉は血流量調節など体内環境に大きな影響を及ぼします。体内環境の変化は、感情変化に結びつくといわれ、固有感覚は感情コントロールにも影響すると考えられています。

敏感さ、鈍感さと行動のつながり

感覚の感じ方は、一人ひとり異なります。大勢の方の感じ方に比べて、感じ方が偏っている場合、感覚過敏、感覚鈍麻となり、適応的な行動が難しくなります（図表12）。例えば、地震の揺れに鈍麻な方は、揺れても逃げませんし、逆に揺れに過敏な方は、恐怖のあまり叫んだりして適切な行動が取れなくなります。適切な行動を取るためには、感覚を適切に感じられることが重要なのです。

発達障害のある子どもは、ある感覚には過敏で別の感覚は鈍感というように感覚のアンバランスさをもっていることが多いといわれています。図のように受け入れられる感覚の幅が狭いために、適切な行動が困難になっている場合もあるように思います。

触覚が過敏な子どもは、人との接触や特定の素材を嫌がるなどの傾向が表れます。一方、鈍感な子どもは、人と密着したがる、あるいは人との接触に気がつかない、危険に気がつかないといった様子が見られます。

前庭感覚が過敏な子どもは、高いところや揺れる場所、鉄棒のように頭の位置が変わる運動を極端に怖がったり、人との接触を嫌がったりする様子が見られます。一方、鈍感な子どもは、危険な場所や遊びを好んだり、回転したり飛び跳ねたりといった行動が見られることがあります。

固有感覚が鈍感な子どもは、高いところによじ登ったり、棒を振り回したりするなど、身体に刺

図表12　感覚過敏・感覚鈍麻と行動の関係

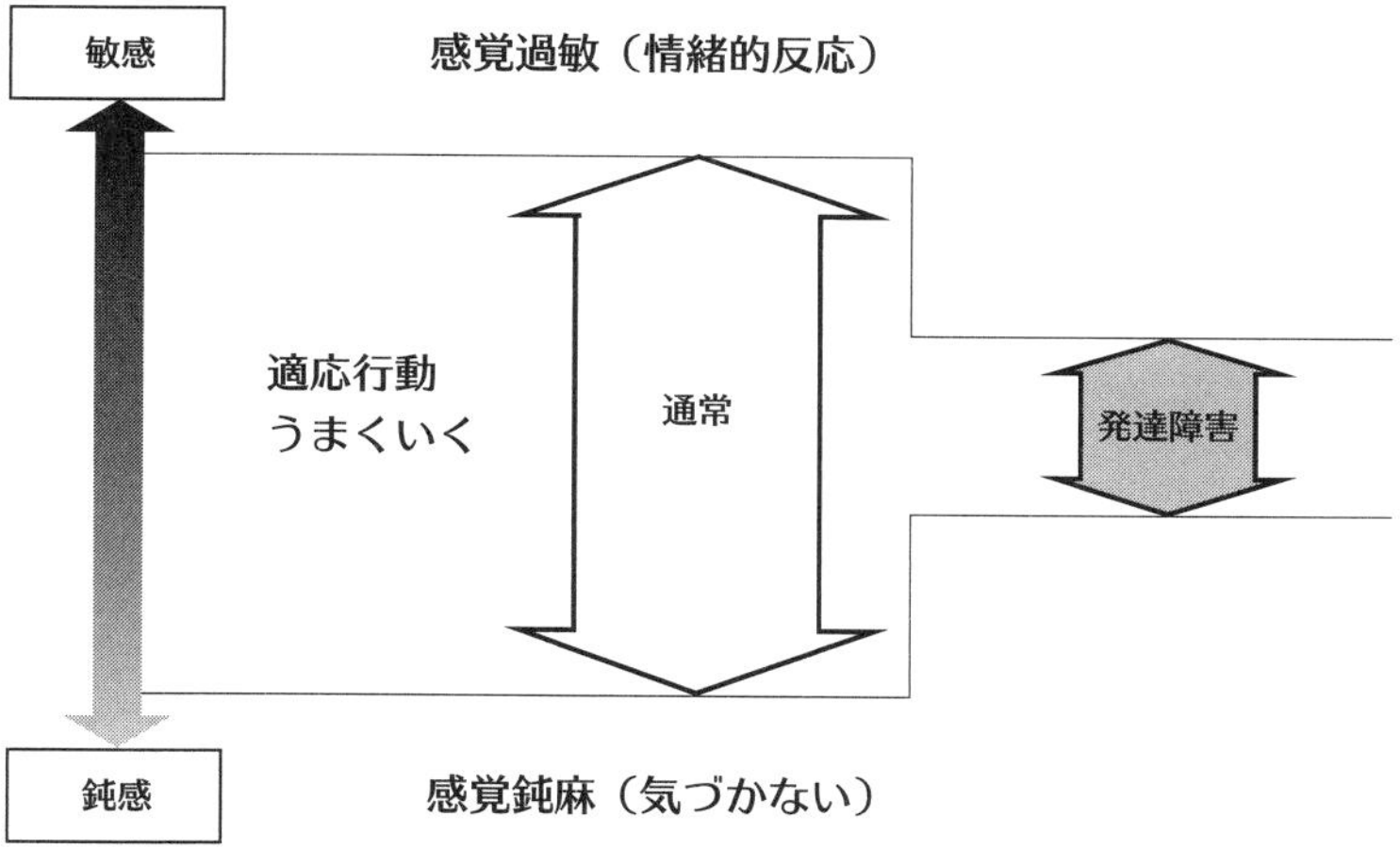

激を入れようとすることがよくあります。力加減が苦手で、他児を強く押してしまったり、物の扱いが雑になったりするので、対人関係に問題が起こってしまうことも少なくありません。

視覚、聴覚が敏感であると、たくさん人がいて騒がしい教室、音が反響する体育館での活動や音楽の授業への参加が困難になることがあります。また、乳幼児の泣き声、笛の音、ドライヤーやバイクの音など特定の音に過剰に反応する場合もあります。一方、鈍感であると、こちらが呼んでも気がつかない、必要な物を見ていない、危険が察知できないなどの問題が起きる場合があります。

教科学習、対人関係を支える感覚統合機能

まず、学校での授業中の様子をイメージしてみましょう。椅子に40分座るためには、姿勢を保持する能力が必要です。鉛筆を思いどおりに動かすためには、指先の巧緻性が必要ですが、そのためには指先の感覚を感じ分けることが必要です。消しゴムや定規、コンパスなどを使うときには、スムーズな両手動作が必要です。本を読む、黒板の字を写すためにはスムーズな眼球運動が必要になります。文章の意味を理解するためには、文章を読んで、自分の身体イメージを基に、その場面をイメージする必要も出てきます。例えば、『森の中を歩いているとクマに出会い怖くて走って逃げました』という文章を読んで理解するときには、自分の身体をクマと出会った森のなかに投影しその場面をイメージする必要があります。このように、教科学習の困難さの背景には、感覚統合機能が関わっている場合が多くあります。

体育の授業では、不器用さがあると鉄棒、跳び箱、縄跳び、速く走ることなどが困難になります。眼球運動が困難であると、ドッジボールなどの球技が苦手になります。発達障害のある子どもは、幼児期は身体を動かすことが大好きなのに、学童期以降、体育嫌いになっている現状が多く見られます。体育の授業内容が、特定の技能の習得や他者との競争ではなく、身体を動かす楽しさを体感でき、子どもにとって興味がもてる内容に変わるといいのですが、なかなか難しいのが現状です。

図表13　コミュニケーションのプロセス

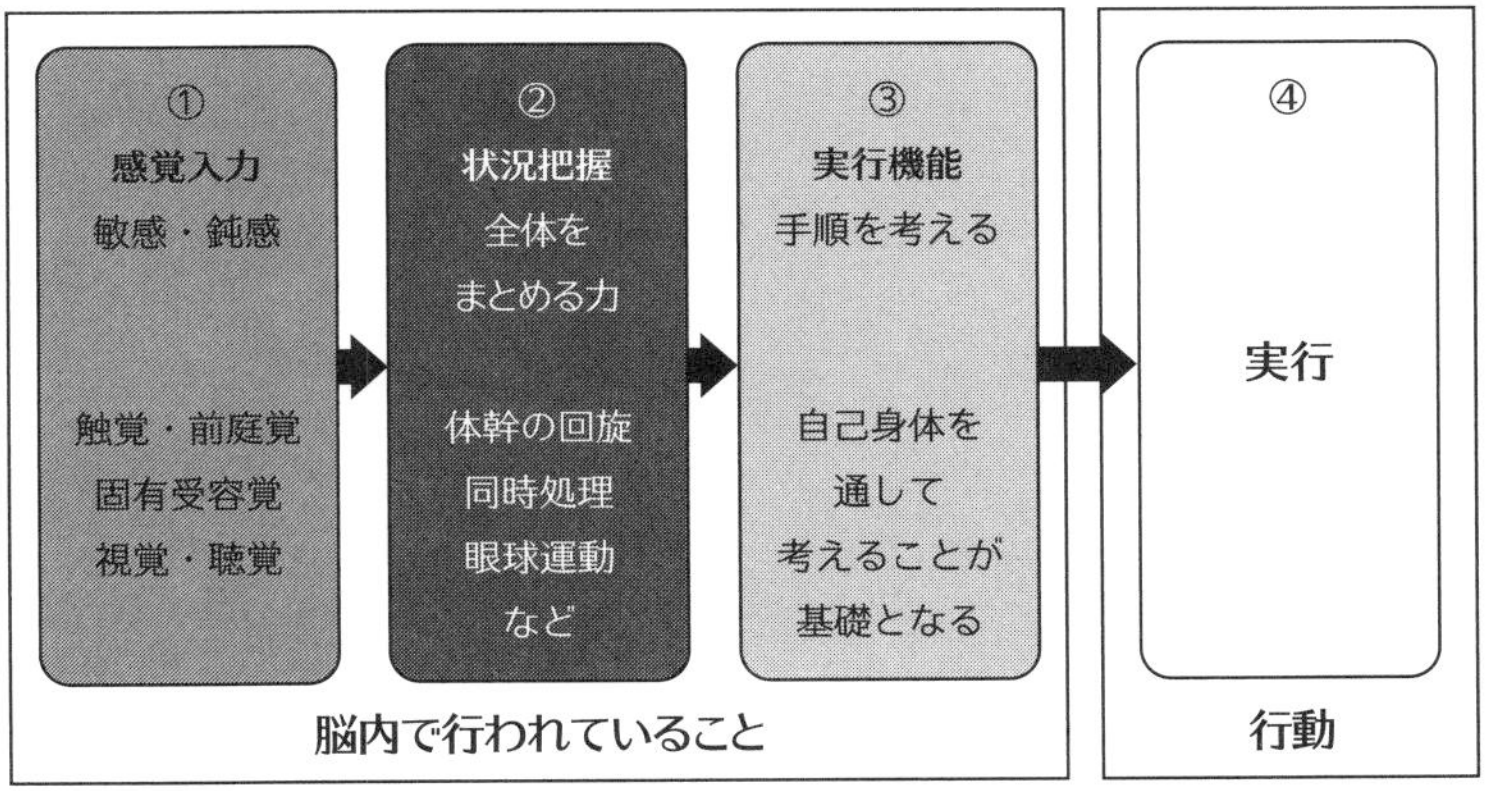

発達障害のある子どもの対人関係は、パターン的なものになりがちです。挨拶の仕方などの知識はあるのですが、気づきにくさ、状況把握の難しさといった情報入力に困難さがあるためです。そもそも、「今はどうしたらいい状況なのか」が分からないのです。図表13のように、人は④行動する前に、脳のなかで、①いろいろなことを感じ、②それをまとめ、③どうしたらいいか考える、といったプロセスを経ていると考えられています。①に困難さがあると、人に近づけない、声掛けに気がつかないなどの問題が起こります。②に困難さがあると、一つのことに集中するとほかのことに注意が向かないなどの問題が起こります。③に困難さがあると、予想外のことにフリーズしたり、感情的になったりします。

このように、教科学習や対人関係をうまく行うためには、種々の感覚統合機能が必要となります。

感覚統合療法はどのように進めていくのか

感覚統合療法は、教科学習、対人関係の問題に直接アプローチする方法ではなく、問題の原因を探り、その原因を解決することで問題の解決を目指していきます。

発達障害のある子どもは、頑張る力はもっているのだけれど、感覚統合などの問題のために、自分の力を発揮することが難しくなっています。私たちは、子どもの困難さの原因を、細かく分析し、得意な部分、興味のある部分にも注目し、「どうしたらできるのか」を計画を立てて考えていきます。

子どもと大人の発達センターでは、事前にＪＰＡＮ（日本版感覚統合検査）や眼球運動の検査などを行い、子どもの状態を細かく把握したうえで、一人ひとりの特性に合ったオーダーメイドの感覚統合療法を行っています。苦手なことに取り組む気がないように見える子どもに対し、自発的に課題に取り組ませるには、とても高度な技術とやりたくなる仕掛けが必要です。発達センターでは、さまざまな感覚を豊かに感じられる感覚統合療法室（写真Ａ）で、高度な技術をもった作業療法士が感覚統合療法を行っています。

感覚統合療法は、特定の技能を習得するための体操教室のような「習いごと」ではなく、状況に応じて適切な行動ができるようにすることを目的に行います。作業療法士は、子どもへの言語的な関わり方だけでなく、タッチの仕方など非言語的な関わりを大切にします。スイングが揺れる

写真Ａ　感覚統合療法室

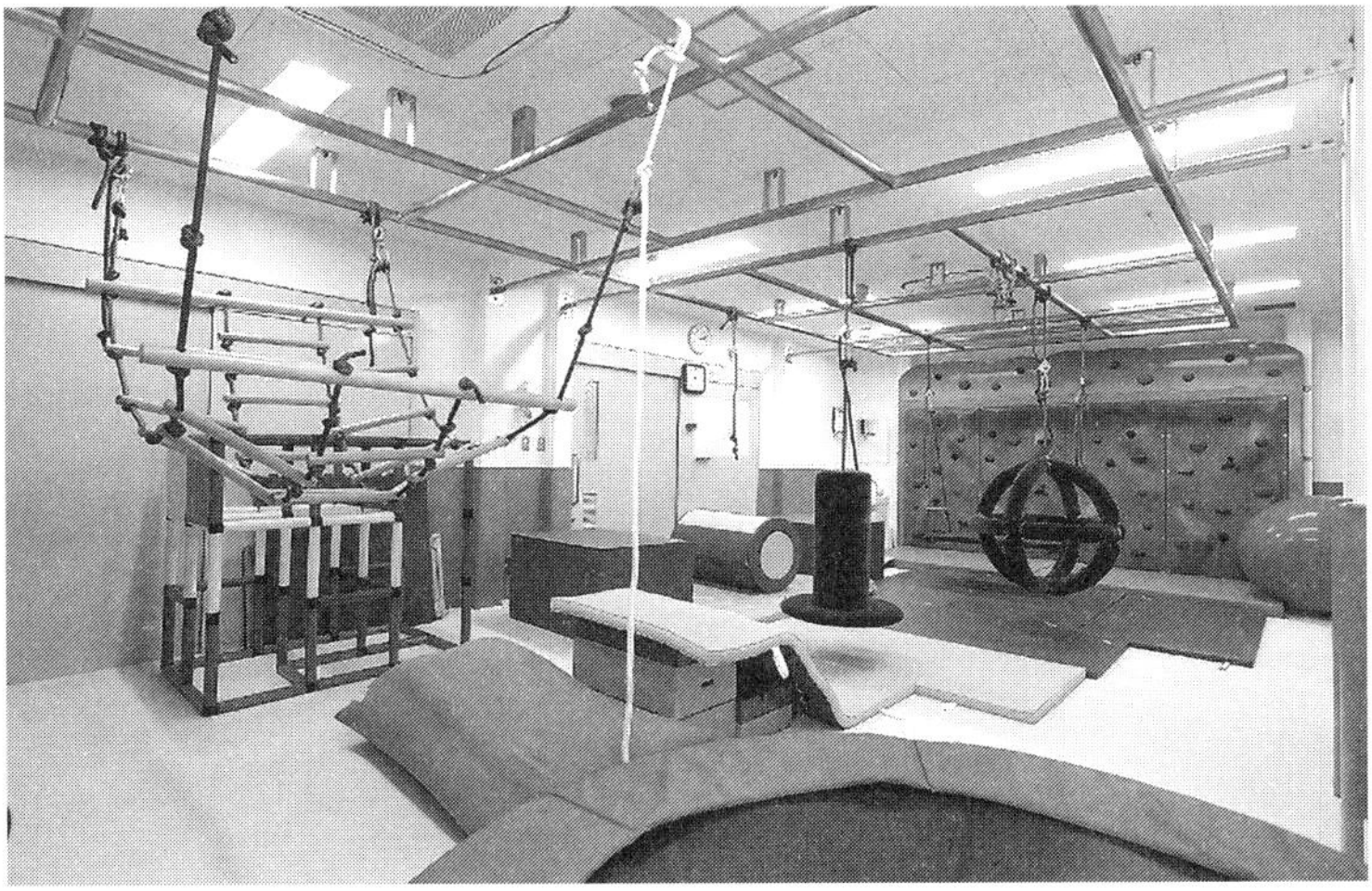

方向、速さ、リズムなどを、子どもがしっかり感じられるように細かく調整していきます。

感覚統合療法を考案したアメリカの作業療法士、エアーズ博士は、「Therapy should be fun!（楽しくなければセラピーではない）」と述べています。子どもが内的欲求に基づき、自分から、主体的に活動を行うときに、感覚統合機能が最も発達するといわれています。そのため、感覚統合セラピストは、子どもの「やりたい！」という気持ちを引き出すことに最大限の力を注ぎます。感覚統合療法は、目の前にいる子どもとともにセラピストが一緒につくっていくものです。とてもうまくいっている感覚統合療法は、子どもと作業療法士が楽しく即興セッションをしているように見えると思います。子どもは楽しいセッションのなかで一生懸命に遊びながら、いつの間にか子ども自身の課題に取り組んでいきます。

感覚統合療法の段階

ここでは、感覚統合療法を行ううえで、基本となる考え方の一つを紹介します。

①自分の身体をつくる段階

感覚統合療法では、まず身体のイメージを高めることから始めます。身体の輪郭をつくる触覚、身体の内部のイメージをつくる固有感覚、身体の傾きや動きを感じる前庭感覚が十分に感じられる活動を提供することにより、自分の身体のイメージを高めていきます。

②身体のいろいろな部分を協調させて器用に動かす段階

身体のイメージを高めたあと、身体の左と右、手と足、体幹（中枢）と手先（末梢）など身体の複数の部分を一緒に器用に動かす協調運動遊びを行います。発達障害のある子どもは、協調運動が苦手なため、疲れを感じている場合も多いです。

③視覚、聴覚と自分の身体を協調して動かす段階

状況に応じた行動ができるためには、視覚、聴覚で状況を的確にとらえて、かつ、自分の身体をうまく使う必要があります。見たところに的確に手をもっていく「目と手の協調」、相手

の表情や身体の動きを真似する「模倣」、リズムに合わせて身体を動かすダンスなどがこの段階に当たります。発達障害のある子どもがいちばん苦手にしている段階であると考えています。

④感覚調整（敏感・鈍感）

①〜④のすべての段階に関係するのが、敏感さ、鈍感さです。感覚統合療法では、子ども一人ひとりの感じ方に応じて、どのように感覚刺激を提供していくのかを工夫しています。

感覚統合療法ではどんなことを行っているのか

発達センターでの感覚統合療法の一場面を紹介します（①②③④は図表14中の数字を表しています）。

図表14　学童期以降の活動を支える感覚統合機能

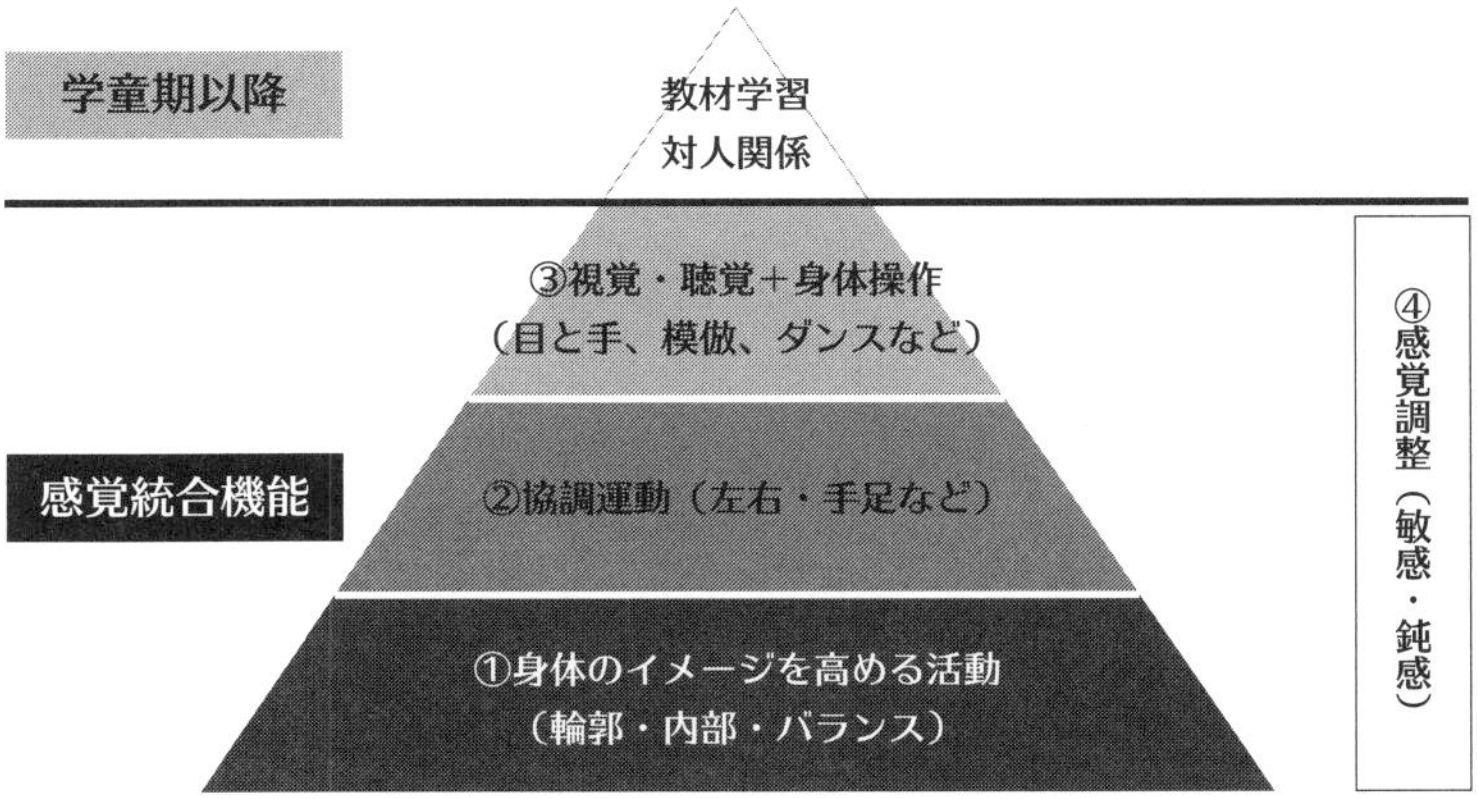

家庭では、感覚統合療法を行うことはできませんが、セラピストがどのような目的をもって感覚統合療法を行っているのか知ることで、家庭でも感覚統合的な実践を行うことが可能です。ぜひ第4章と併せて読んでみてください。なお、紹介する活動は、一例であり、この活動を行えば必ず子どもの問題が解決する、といったものではありません。

1．トランポリンを中心に

人ごみに入ることが苦手な子どもは、バランスが崩れることを過剰に怖がる場合があります。トランポリンは手でどこかにつかまったり足でしっかり踏ん張ることができず、身体が空中に浮く瞬間があるので、バランスの崩れを怖がる子どもは苦手な傾向にあります。トランポリンは縦、つまり重力方向に揺れますので、重力方向の前庭感覚をしっかりと感じることで自分の身体の軸がはっきりしてきます。

人にぶつかったり、感情のコントロールが苦手な子どものなかには、バランスを上手に取ることができず、行動の加減ができない子どもがいます。写真Bは下にあるロープに触らないように少しずつ重心を移動させながら跳ぶ遊びで、主に図表14の①③④にアプローチしています。周りをしっかり見て少しずつ身体を動かすなど、行動のコントロールができるようになると、感情のコントロールもうまくできるようになる場合が多いです。

写真Cのように、跳びながら上にあるタンバリンを叩くことで②③にもアプローチします。マイペースな子どものなかには、トランポリンを跳びながらタンバリンを叩くといった、2つ以上の課題を同時に行えない場合が多く見られます。

2. ヘリコプタースイング

「ヘリコプタースイング（写真D）」は、4つの穴に腕と足をくぐらせて乗り込みます。ウルトラマンのように重力に逆らいながら身体を伸ばした姿勢で乗り、主に①の改善を目指します。通常の生活では体験できないような強い前庭感覚を感じることができますので、じっとできずにウロウロするといった、たくさんの前庭感覚を欲している子どもに特に人気のある遊具です。写真Dは、ヘリコプタースイングで揺れながら床にある人形をつかむ遊びで、①に加えて③の改善も目指します。

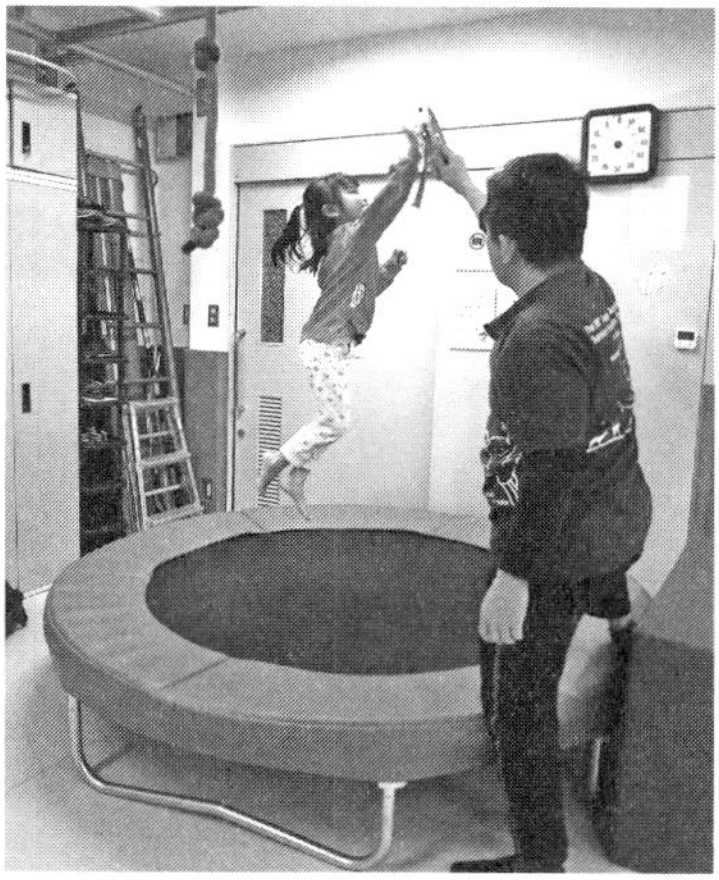

写真C

写真B

3．オーシャンスイング

「オーシャンスイング（写真E）」は、板状の広いブランコです。写真はセラピストが動かすブランコにタイミングを合わせて乗り込み、姿勢を変えて床のぬいぐるみを拾い、タイミングを合わせてブランコから降りる遊びを行って、①～④の改善を目指しています。周囲の状況をよく見て、どうやってやるか考えて、タイミングよく対応することができるようになると、対人関係が伸びていく場合が多いです。

4．ポニースイング

「ポニースイング（写真F）」は、馬に乗るようにまたがって乗るブランコです。足を開いた姿勢で座りバランスを取ろうとすると、通常のブランコに座っているときよりも上手に

写真E

写真D

体幹を使う必要が出てきます。写真Fは、セラピストが操るカエルに子どもが楽しみながらドーナツを食べさせています。感覚統合療法での「セラピスト」は何かを一方的に教える「先生」ではなく、遊びを一緒に考え、一緒に遊ぶ関係でなければなりません。そのような関わりのなかで、セラピストは子どもの自発的な行動を引き出していきます。

5．さまざまなスイング

これらの遊具以外にも、ぎゅっと身体を曲げた姿勢で乗る「フレキサースイング（写真G）」や、乗り方が難しい地球儀のような形の「スペースリング（写真H）」などがあります。セラピストはいろいろな特徴のあるスイングを、治療目的や子どもの希望に応じて使い分けていきます。

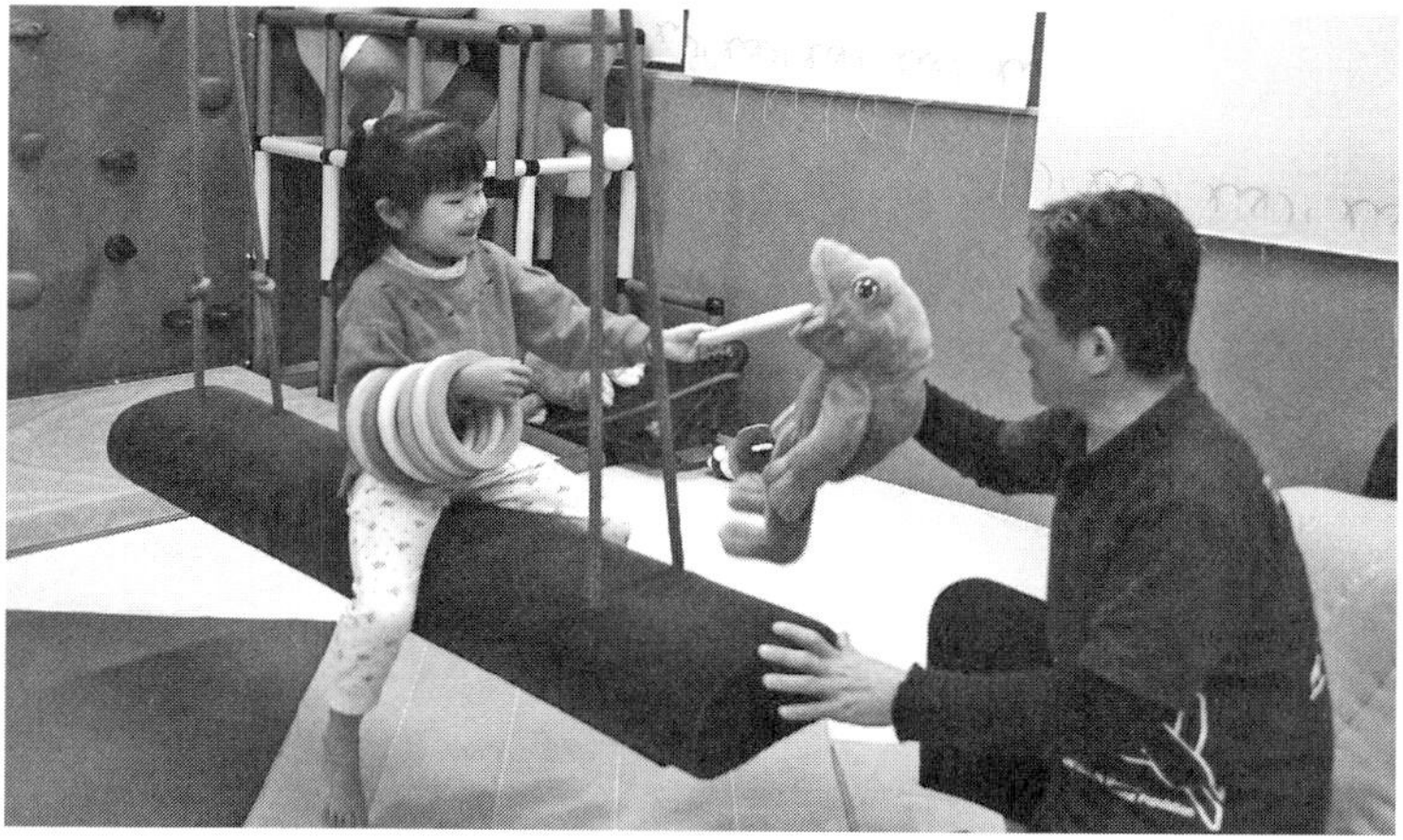

写真F

発達障害のある子どもは、眼球運動が苦手な場合が多く、眼球運動を良くすることが治療目標になることが多いのですが、動いている物を目で追いかけるキャッチボールのような活動より、スイングに乗り動きながら止まっている物を目で追いかける、写真Gのような活動のほうが、眼球運動は改善するといわれています。

6. ボルダリング

今流行りの「ボルダリング（写真I）」は、筋肉にしっかり固有感覚刺激が入るため、身体のイメージが高まっていきます。また、しっかり身体への刺激が入ったあとでは、力加減や感情のコントロールが行いやすくなることがあります（①）。ホールドの位置を見ながら、手足の位置を考えて動かす遊び（②③）にも

写真G

写真H

なります。

7．丸太乗り

曲芸のように、バランスを取りながら丸太に乗る活動（写真J）は、バランス能力（①）や手足の協調運動能力（②）を向上させる目的で行うことが多いです。スピードが速過ぎて元気過ぎる子どもがこのような活動を行うことで、ゆっくり丁寧に行動できることを目指していきます。

8．2つの盾で2人からの攻撃を避ける

ＡＳＤの子どもは、視野が狭く、視点を移動させることが難しいため、周囲の状況把握が困難になっていると考えられています。視点の移動を促す遊びを行うことで、視野が広くなり、状況を把握する力が伸びることがあ

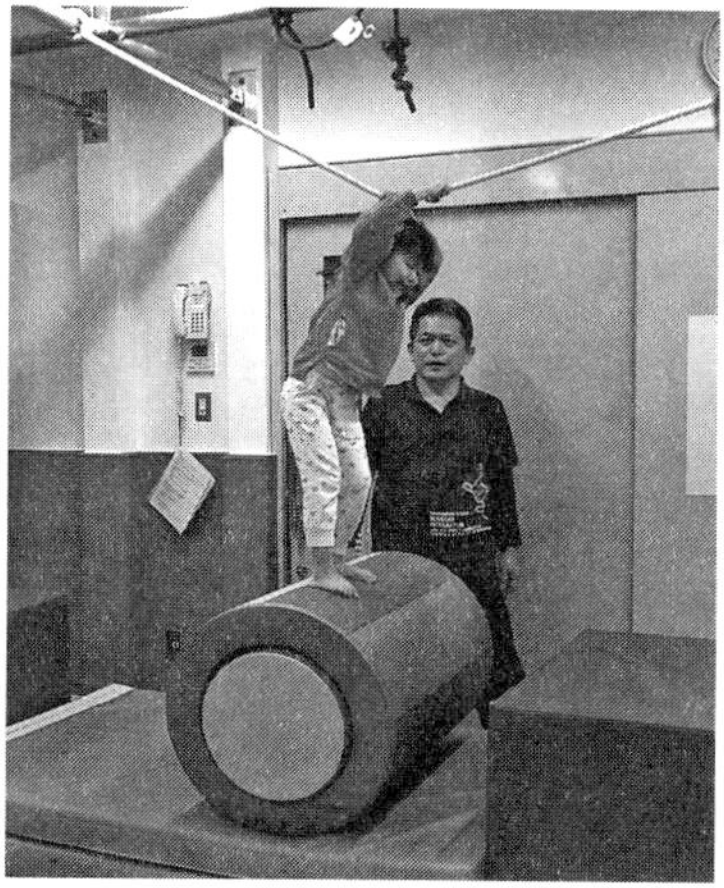

写真J

写真I

ります。写真Kは、2人が交互に投げてくる輪投げの輪を、2つの盾を使って防御する遊びです。輪を投げてくる2人に交互に視線を移す遊びのなかで視野が広がり、状況把握能力が向上していきます。

写真K

第4章

じっとしていられない、空気を読めない、集中できない
症状別、子どもに自信をもたせ、やる気を引き出す「かかわり方」と「工夫」

本章では、生活場面で気になる行動について、その背景を探ったうえで、ＳＳＴ、ペアトレや感覚統合療法を参考とした「接し方」を提案していきます。これらの専門療法は、非日常の場である病院などで行われているものですが、日常生活の場、すなわち家庭や学校などにおける「子どもの適切な行動→成功体験」を増やしていくために開発されたものです。ぜひ「なんでだろう？」と子どもの行動を観察して、子どもの気持ちも聞いて、「子どもに応じた接し方」にチャレンジしてみてください。

なお、本書に書かれている「接し方」が最初からフィットする子どももいれば、そうでない子どももいます。子どもの特性はさまざま、その時々の子どもの体調や気持ちもいろいろです。チャレンジしてみてもうまくいかないときは、接するタイミングを変えてみたり、その接し方の前にやっておくことはないかを考えてみたりしてください。「どうしてなの？」と行動の背景を再度探ってみることも大切です。

そして、子どもが成功できたときは、「笑顔で褒める、一緒に喜ぶ」です。どうぞ親子で成功体験を積み重ねていってください。

情緒

イライラしている

よくあるトラブル・困りごと

・イライラして機嫌が悪い
・些細なことでキレる
・話し掛けても答えない

●どうしてなの？

発達障害のある子どもの場合、イライラの原因が感覚過敏にあるケースがよく見られます。触れるもの、聞こえる音などで嫌悪感や不安感が増しているのかもしれません（49～51ページ参照）。本人自身も感覚過敏に気づかずにイライラしたり疲れてしまっていたりすることもありますので、周囲にそのような刺激がないか、一緒に考えてあげてください。

年齢によっても、いろいろな原因が考えられます。幼児期であれば、便秘や下痢などの体調の崩れがよくあります。学童期になると、学校で頑張り過ぎて家庭でつい当たってしまっているのかもしれませんし、ゲームのし過ぎで寝不足なのかもしれません。

学童期以降は、「意味もなくイライラしている」「いつもイライラしている」と決めつけずに、イライラの背景を考えてみることも大切です。発達障害のある子どもは、日常の生活で他者とのコミュニケーションがスムーズにいかず、自身でもどかしくなったり、相手に嫌がられたりすることがよくあります。誰しも、「伝えたいことがうまく言えない。分かってもらえない」「なぜか分からないけど、叱られた、避けられた」ということが続けば、イライラするでしょう。何かストレスになるものがあるのか考えてみる、あるいは本人に聞いてみるのもいいかもしれません。ただし、思春期にイライラすることはよく見られることですので、「何をイライラしているの?」と何度も聞くと、余計にイライラして、キレたりしてしまいがちです。口は出さずに、そっと見守って、親が気づいていない困りごとが家庭や学校でないか、普段できていることができなくなってきていないかなど、気をつける必要があります。

また、心身が疲れる行事や出来事があっても、それを自覚しにくい子もいます。実際は疲れているのに、それに気づくことができず、イライラしたり、反射的に攻撃的な言動をしたりしてしまうこともあります。

なお、話し掛けても答えない場合に、呼び掛けている「声」が、自分に向けられていると認識できていないこともあります。聴力が弱くなくても、周囲から聞こえるさまざまな音、例えばエアコンのモーター音や外の車の音などと人の声が混ざってしまい、必要な音をとらえられていない可能性もあります。このような場合には、本人のそばに行って注意を引いたり、名前を呼んだりしてから、話し掛けてみてください。

SST的接し方

・体調ノートを作る

学校から帰ったときや夜寝る前などのタイミングで、そのときの気分や疲れ具合を一緒に振り返り、「○」「△」「×」などで簡単に記録するようにします。校外学習や特別な授業があって体力的に疲れた、クラスでトラブルがあり嫌な気持ちになった、給食に苦手な食材があったなど、その日あったことのなかから、いつもより疲れる原因があったか、ストレスの溜まる出来事があったかを、会話を通じてお互いに認識していきます。子どもが疲れを自覚できたら、早目に寝られるように準備をする、ストレスを発散させるために話をじっくり聞くなどのフォローをしましょう。

・自分の気持ちに気づき、言葉で表現する練習をする

感情や表情を分かりやすく示した絵カードを活用します（図表15）。子どもにうれしいことや悔しいことがあったときに「今は、どの気持ち？」と聞き、カードのなかから選んでもらいます。選んだカードを指しながら「うれしい気持ちだね」と確認し、気持ちと表情のつながりを高める

図表15　表情と気持ちのカード（例）

図表16　気持ちのカード（例）

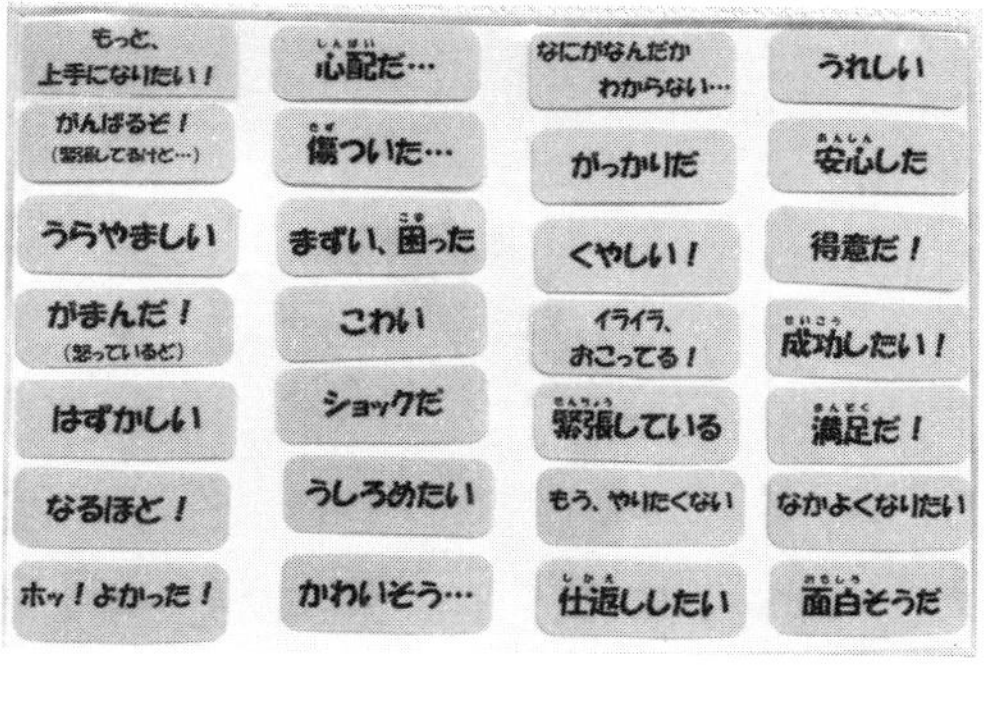

ようにします。また、母親を叩いたときなどには「お母さんの今の気持ちはどれかな？」と、他者の気持ちについても同様に絵カードで選んでもらいます。子どもが選べなかったら母親が示しても構いませんが、できるだけ本人が選べるように二択にしたり、ヒントを出したりしてみてください。何があって、それによって相手がどんな態度を取り、それはなんと呼ぶ感情なのかを一致させる練習をしていきましょう。

気持ちを言葉で言えることが増えてきたら、絵のないカードを用います。図表16は、たくさんの「気持ちの言葉」を並べていますが、最初は少ない数のカードから始めて、徐々に増やしていきます。うれしい気持ちだけでなく、嫌な気持ちもどんどん言葉で出せるようにしていきましょう。大切なことは、気持ちを言葉で言えたら、その本人の気持ちをしっかりと受け止めて、共感することです。

ペアトレ的接し方

・できている行動に目を向ける

イライラが見られているときにも、褒めるチャンスはあります。イライラしつつも、人や物に当たらずに言葉で表現できているときには、「何をイライラしているの！」と責めたり、問い詰めたりするのではなく、その気持ちに共感したうえで、気持ちを言葉で表現できていることを褒めるようにしましょう。なかなか言葉が出ない場合には、しばらく見守りつつ、少し落ちついたときに、「今の気持ちを言葉で言える？」と言葉で表現するように促します。言えたらすぐに、伝えられたことを褒めてください。イライラしているなかで見られた「好ましい行動」に目を向けることも大切です。例えば、夜にぶつぶつ文句を言いながら歯磨きしているときに、「疲れているのだから、さっさと歯磨きして寝なさい！」というような命令ではなく、「疲れているのに歯磨きができたね」など、「できた」ことに注目して声掛けをしてみましょう。

・しばらく様子を見てみる（見守る）

話し掛けても答えないときは、しばらく時間をおいてから話し掛けてみます。本人が嫌がらなければ、近くで座って何かしながら待っていてもよいですし、距離を取って家事を続けるのでもよいでしょう。そして答えたときには「返事ができたね、ありがとう」と一言添えてから用件を話します。

感覚統合的接し方

・本人が落ちつける環境をつくる

落ちつくためには、視覚や聴覚刺激はできるだけ少ないほうがよく、身体への刺激は増やすようにするといいでしょう。少し狭くて薄暗く静かな場所で、圧迫される刺激を感じられると落ちついてきます。よじ登るなど強い固有感覚、ぬいぐるみなど柔らかい触覚、ハンモックなどゆったりとした揺れなどはイライラした気持ちを抑えるのに効果的です。本人と相談し、落ちつく場所や物を決めておくとよいでしょう。「音や光に敏感（222ページ）」や次の「暴言や暴力が見られる」もご覧ください。

・答えないときには、正面から話し掛ける

呼び掛けに答えない場合、わざと聞こえないふりをしていることもありますが、ほかのことに注意が向き、呼び掛ける声に注意が向かないことが考えられます。子どもに近づき、子どもの正面から、目線の高さを合わせて話し掛けるようにします。時には軽く肩を叩き注意を引いてから話すようにするとよいでしょう。何かを見ていると聞くことが難しくなることが多いため、見ているものを遮ったり見えなくしたりすると、聞くことに注意が向く場合もあります。

暴言や暴力が見られる

よくあるトラブル・困りごと

- 暴言が目立つ
- 大人や友達、兄弟を叩く、蹴る、噛みつく
- 物を壊す
- すぐケンカになってしまう
- トラブルメーカーのレッテルを貼られる

●どうしてなの？

さまざまな要因が考えられます。

一つは「言語化」の未熟さです。自分の気持ちが、今はどういう状態なのかを言葉でイメージできず、適切な言葉で表現できないために、暴言や暴力で訴えてしまう場合があります。例えば、人に何かをされて嫌だったが、「嫌」「やめて」と言えなかったため、いきなり叩いた、などがこれに当たります。こだわりの強さや怒りのコントロールの苦手さのために、予測どおりに物事が運ばずに情緒が不安定になった、怒りを我慢していたのが爆発した、ということもよく起こります。

衝動性の強い子は、見たこと、聞いたことに対して、瞬間的に反応して暴言が出てしまうことがあります。それがきっかけでケンカになってしまうこともあります。冷静になれば自分にも非があると理解できることもあるのですが、その場では「相手が悪い」「自分は悪くない」と主張してしまうため、周囲からは「自分勝手な奴だ」とトラブルメーカーとして見られてしまうのです。

場面を読むのが苦手な子の場合は、落ちついてから振り返ってみても、なぜトラブルになったのかの「気づき」自体が得られていないことが少なくありません。そのため、それまでのトラブルは、本人にとっての「被害体験」の繰り返しであるため、周囲に悪感情をもってしまいます。そうなると、相手の何気ない行動を悪くとらえてしまうことも起こってしまいます。もともと穏やかであった子が、「攻撃は最大の防御である」と話していたときの顔が、私たちは忘れられません。
また、力加減が分からず、肩をトントンとしただけなのに、相手に暴力と取られてしまったり、「丁寧に」「優しく」とあやふやに言われても、その動作を行うこと自体が難しかったりする場合があります。

SST的接し方

・暴力にはきっぱり対処する。そのきっかけには共感し、一緒に振り返る

まずは、「暴力はダメ」という約束を普段からしておくとともに、暴力に対してはきっぱりと対処してください。暴言に対しては、ケースバイケース（誰に対してか、続いているのか、相手の気持ちはどうかなど）ですが、いずれも家庭や学校でのルールに則って対処しましょう。そして、落ちついてから、暴言や暴力が出たときには「何があったのか」「どんな気持ちだったのか」などを本人に聞いてみます。答えられた場合は「つらかったね」や「嫌だったね」と気持ちに共感してください。そのうえで、その場面に応じた相手との関わり方を練習していきます。

例えば、友達と遊ぼうとしてトラブルになった場合は、友達にどうアプローチすれば楽しく一緒に遊べたのかを考えていきます。そのときには、本人が理解しやすいように伝えるようにしてください。前述（１０６ページ）の絵カード（図表15「表情と気持ちのカード（例）」）や気持ちのカード（図表16「気持ちのカード（例）」）などを使うこともできますし、イラストが得意な場合は自作でもよいでしょう。友達が遊んでいたブロックを横から無言で奪って友達に注意されて、それに腹を立てて危険な行為が出てしまったような場合、①友達がブロックで遊んでいる　②自分が無言でブロックを使った　③友達が「返せ」と言った　④ブロックを投げつけた　の4枚のカードを用意し、それぞれの状況を本人に説明してもらいながら行動エピソードの流れを理解し、その時々の自分や相手の気持ちも押さえていくようにします。カードにはしなくてもいいですが、「⑤どうなったか（このエピソードでは、『遊べなくなった』）」という結果も押さえる必要があります。そのうえで、友達と楽しく遊べるようになるために、適切な行動を一緒に考えていきます。本人と大人（友達役）とでロールプレイをするのもいいと思います。「一緒にやっていい？」「僕（私）にもブロック貸して」など、お願いの言葉が出たら、友達役になって、「いいよ、一緒に遊ぼう」と笑顔で答えてあげてください。

・「怒りのコントロール」を練習する

私たちが子どもたちへのSSTでの到達目標としているスキル（ワザ）は、「意見や気持ちを言葉で言う」と「怒りのコントロール」（68ページ図表5「SST年間計画（例）」参照）です。これらのスキルは、発達障害のある子どもが「友達と一緒に楽しく遊ぶ」ためだけでなく、家庭や学校など日常生活の場で「イライラを溜め込まない」「孤立しない」ためにとても重要だからです。

怒りをコントロールするためには、３つの段階が必要です。「①自分の怒り爆発度を知る、②怒りをコントロールするワザを練習する、③相手の気持ちを想像する」です。

まず①では、図表17「怒りのランキング（例）」を用いて、何かトラブルがあったときの自分の怒り度（SからDまで）と怒りの状態・気持ち（右欄）に気づけるようにしていきます。その子にとって、怒り度「S」が怒り爆発ラインだったとしたら、その手前で気づいて、怒りをコントロールするための「自分に合ったワザ」を使います。②でそのワザ、例えば、その場を離れる、頭

図表17　怒りのランキング（例）

怒りの表情 ランキング	怒り度 ランキング	怒りの状態 怒りの気持ち
	S	ゆるさない！ 絶交だ！ ブッチ〜〜ン！
	A	今度したら、友達やめるぞ！ あたま、きた〜ッ！
	B	話したくない！ はらたつ！
	C	あやまって！ 弁償して！ ショックっ！
	D	しゃ〜ないなぁ 気をつけてね！ ざんねん・・・

のなかで数字を10数える、ゆっくり深呼吸する（吐くときに時間をかけることがコツ）、「怒りのコントロールでの呼吸法」などを練習します。また、集団の場で大切になるのは③（図表17「怒りのランキング（例）」の怒りの状態で黒字部分参照）です。SSTでは子どもの小集団活動に専門スタッフがついていますので、遊びタイムでトラブルがあったあとに、怒りを爆発させてしまった本人の気持ちを（絵カード、言葉のカードも用いて）聞いたり、一緒に遊んでいた友達がどんな気持ちになったか（③）をその場で聞いたりすることができます。そうすると、実は怒りを爆発させた本人も、常に「相手が悪い」と思っているわけではなく、「周りがむちゃくちゃ怒っていて、もう遊んでもらえない＝怒り度S」と不安になっていることがよく見られます。しかし、周囲の子に聞いてみると、「怒り度はC＝謝ってほしい」であることが分かって、安心して、謝って、また一緒に遊べるようになります。このような体験から、相手の気持ちを想像できるようになると、「失敗しても許してもらえる」ことを知ることで不安が減りますし、怒りをコントロールすることの大切さを知って、より頑張って取り組めるようになっていきます。

・ちくちく言葉とあったか言葉

気持ちを言葉で伝えるのが苦手で、つい暴言が出てしまう子の場合は、普段から「バカ」「嫌い」などの人を傷付ける「ちくちく言葉」と、「ありがとう」「うれしい」などの人を気持ちよくさせる「あったか言葉」の練習をしていきます。図表18「ちくちく言葉とあったか言葉（例）」はある小学校でソーシャルスキル教育の際に出てきた言葉です。「小学生はちくちく言葉が得意」ということが分かりますが、「ちくちく言葉はいけない」ではなく、「気持ちを言葉で言うことは大切」「どちらが言われて気持ちがいいかをＳＳＴで体験してみましょう」と二人一組でロールプレイを行ったりして、教えているそうです。このような言葉を掛け合う体験は家庭でもできるので、ぜひ一度やってみてください。家の壁に「あったか言葉」の一覧を貼って、家族みんなで使うことを意識すると、本人だけでなく、保護者自身も良い気持ちになれることが増えるでしょう。幼児や小学校低学年であれば、「あったか言葉」が言えたらシールを貼るなどのご褒美制を取ってみるのもよいでしょう。

図表18　ちくちく言葉とあったか言葉（例）

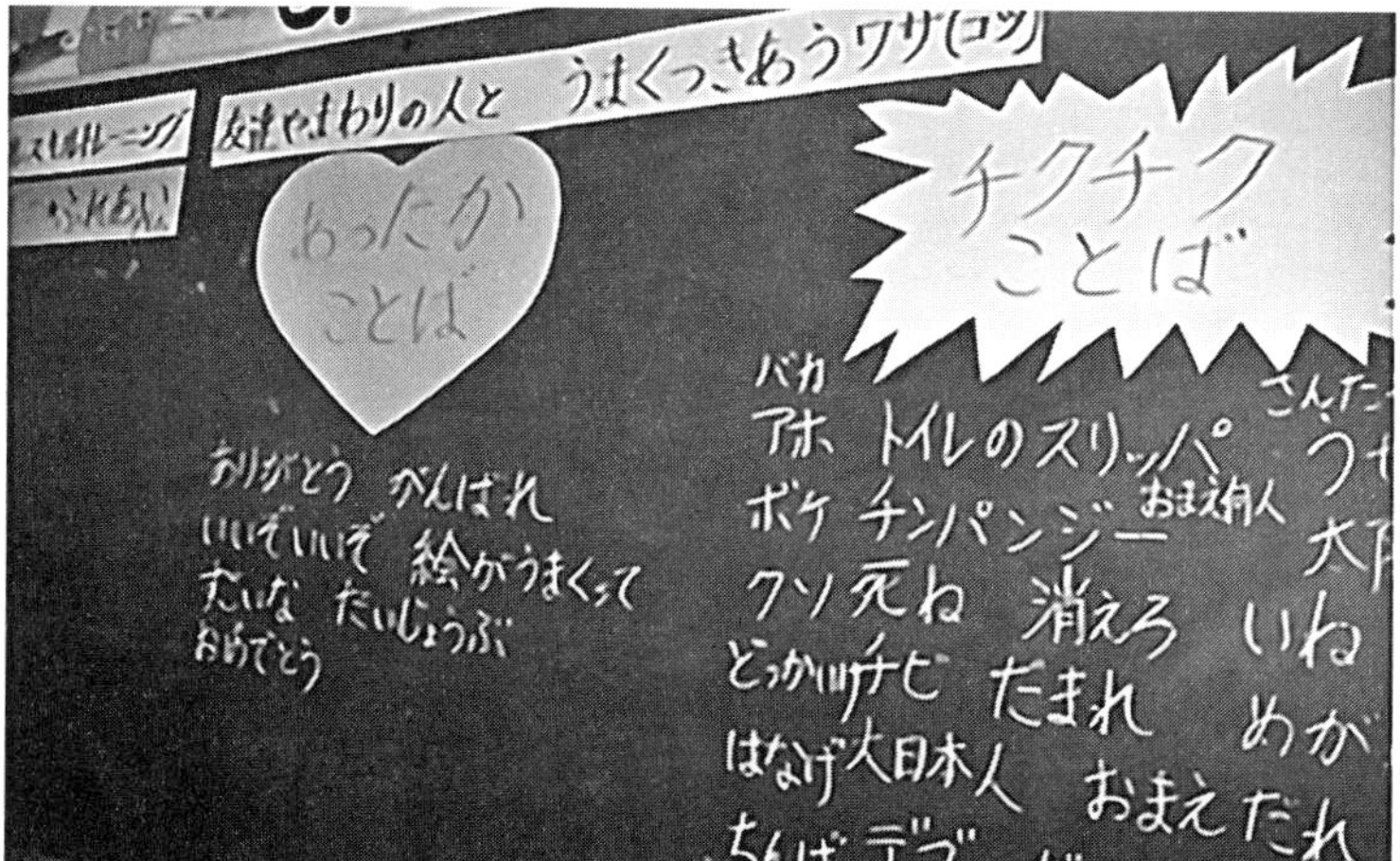

ペアトレ的接し方

・「暴力・暴言は絶対ダメ」をルールとする

家庭のルールとして（中学生以降は社会のルールとしても）「暴力は絶対にいけないこと」と伝えます。また、「死ね」「消えろ」「殺す」などの暴言にも、暴力に相当するものとして注意を続けます。当然、「しつけ」と称して保護者が手を上げることも良くありません。もし、手が出てしまった場合は、お互いクールダウンしてからきちんと謝ってあげてください。

暴力への対応は、3つの行動のタイプ分け（78ページ図表9参照）、「行動を3つに分けて一貫した対応をする」の「許し難い行動」への対応となるのですが、「あなたのことは大好きだけど、その行動は許せない」という気持ちできっぱりと接します。

子どもが暴言を使ったときにつられてしまうと、お互いに感情のぶつけ合いになってしまいます。落ちついた言葉で返すようにしていきましょう。

子ども「うるせーこのくそババア！」

母　親「ママはババアかもしれませんが、くそではありません、人間です」

子ども「く……このババア」

母　親「うるさかったのかな？　どうしたらいい？」

子ども「……言われなくても、今片付けようとしてたんだよ」

母　親「おお！　自分で片付けるなんてすごい。何か手伝うことあったら教えてね」

この神対応は、ペアトレを修了された「スーパーおかあちゃん」の実例です。なかなか真似できないかもしれませんが、一貫した対応、普段から褒めていること、そして親子の愛情溢れる関係が感じられる素敵なエピソードです。

・怒りをコントロールできたら褒める

気に入らないことがあっても怒りをコントロールできているな、という場面は、褒めるチャンスです。適切な行動が見られたときには「すぐに褒めること」が原則ですが、不適切な行動を本人がコントロールしているときには、しばらく見守ってから褒めるようにしましょう。「我慢できたね」「優しく言葉で言えたね」など、具体的に伝えると子どもも分かりやすいですし、「ちゃんと見てくれている」と安心感をもてるようになります。このようなやりとりが続くことで、子ども自身が「不適切な行動」に気づき、「適切な行動」を身につけていくことができるようになっていきます。

とはいえ、実際の生活場面で親子がお互いに怒りをコントロールすることは、とても難しいことです。うまくいくためには、普段からどういう場面で暴言や暴力が出てしまうのかをチェックしておくのも一つの方法です。そうすることで、より冷静に接することができるようになるからです。子ども本人に対しても、「おうちのルール」として、普段から約束しておくようにしましょう。このような「許し難い行動」への対応がうまくいかないときは、図表9（78ページ）にあるように、好ましい行動に注目して褒める時期を一定期間もつようにして、「褒める（親）⇕褒められる（子ども）」のやりとりを増やすようにしてみてください。

感覚統合的接し方

感覚統合面の課題から、力加減が難しいなど行動のコントロールが難しい場合には、感情のコントロールも難しくなる場合があります。

・身体への刺激を増やす

暴力や暴言が見られる子どものなかには、感覚欲求が強い子どもが多い印象です。感覚欲求とは、感覚刺激を求めたいという無意識の欲求です。友達を叩く、蹴る、噛みつく、物を壊す、大声を出すといった不適応行動は、感覚統合の視点では、強い感覚入力を行うことでストレスを軽減していると考えられます。不適応行動のときに感じられる感覚刺激と同じような感覚刺激が感じられる適応的な行動に置き換えることで、不適切行動が軽減することがあります。

家庭や学校では、Ⓐストレスを感じる前にあらかじめ感覚欲求を満たしておいたり、Ⓑストレスを感じたときに適応的に発散できるようにしたりするために、さまざまな道具や場所を準備しておくとよいでしょう。①人を叩いてしまう場合、ヘビーワークなど強い固有感覚刺激が入る活

図表19　ストレッチバナナを引っ張る様子

図表20　マットの下敷きになる様子

動（例：パンチングボール、綱引き、ストレッチバナナを引っ張る〈図表19〉など）、②圧迫刺激（例：体育マットや重たい布団の下敷きになる〈図表20〉）、③校庭を走るなど前庭刺激（人によってはより興奮してしまうので注意）、④噛んでしまう場合、口に刺激を入れる（例：噛んでもよいものを用意、大声を出していい場所を確保）などがお勧めです。

視覚・聴覚刺激を減らすことで気持ちが落ちつくことがあります。落ちつく場所は子どもによって少しずつ異なりますが、一般的には、人が少なく、少し狭くて静かな場所がクールダウンには最適のようです。

・呼吸を整える

感情コントロールと呼吸は深く関わりがあるといわれています。実際に気持ちのコントロールが苦手な子どもはゆっくりとした呼吸が苦手な場合が多いようです。ストレスを感じたときにはゆっくりと鼻から息を吸い、ゆっくりと口から息を吐くといった深呼吸を行うことで気持ちが落ちつくことがあります。日頃からゆっくりと深呼吸を行うことを習慣にするのもいいと思います。

・いったん立ち止まったり、ゆっくりと行動したりする遊びを行う

力加減が苦手で、いったん立ち止まったり、ゆっくりと行動したりすることが難しい場合には、行動が衝動的になり、感情のコントロールも難しくなる傾向があります。まずは、先に述べたように、身体にしっかりと感覚刺激が入る活動を行います。その後「だるまさんが転んだ」など動作をぴたっと止める遊びや、コップの水をこぼさないようにゆっくりと運ぶような活動を行うと、力加減やスピード加減ができるようになり、さらには感情コントロールの上達にもつながっていきます。

コミュニケーションが噛み合わない

よくあるトラブル・困りごと

- 自分が興味のあることばかり一方的に話す
- 場に合わない言葉を使う
- 言葉のイントネーションが独特である
- 相手が嫌がることを言う
- やりとりが成立しない

●どうしてなの？

昆虫、電車、ゲームなど、自分が好きなことばかりを話し続けるのは、自分が好きなものはほかの人も好きだと信じているからです。「教えてあげたい」という気持ちがそうさせています。下品な言葉を使う場合は、最初の周囲の反応を「喜んでいる」と勘違いしてしまった可能性があります。二度目以降に受けないと、「もっと喜ばせたい」と、さらに下品な言葉を発することがあります。

言葉のイントネーションが独特である、大人びた言葉を使う、大げさな表現をするなどは、言葉の覚え方のプロセスが要因である可能性があります。普段の生活のなかで周囲の雰囲気や場面を関連づけて体験として覚えていくのではなく、テレビやＤＶＤ、本・漫画などから言葉だけを部分的に覚えていくと、ＴＰＯに応じた言葉遣いが身につきにくいからです。

会話のキャッチボールがうまくいかない理由の一つに「言葉を字義どおりに受け取る」ということがあります。「お母さんはちょっと2階に行くから、弟を見ていてね」とお願いしたら、弟が危険な行動をしているのに止めずに「見ていたよ」と言ったり、友達とふざけていて「バカだなぁ」と言われて、本気で怒ってしまったりといった具合です。また、あいまいな表現では理解ができず「頃」「ちょっと」「あとで」といった言葉を使われると困ってしまいます。「あとで、っていつ?」「7時頃って、7時何分?」などと聞き返すことがあります。逆に、「太っている」「カロリー取り過ぎだよ」など、相手に悪口、嫌みととられる言葉を言ってしまう傾向もあります。

話が食い違うほかの理由として、注目する部分が一般的な人と異なるケースもあります。例えば、「青い帽子を取って」とお願いされたときに、全体の色は白でロゴマークに青色が使われている帽子を取ってくれることがあります。全体像を見ずに、一部だけに注目する見方をしていると、こうした食い違いが起こることがあります。

・人によって好きなものが異なることを伝える

自分の興味のあることを話し続けてしまう子には、自分が好きであっても、相手が好きとは限らないことを伝えます。「○○さんは虫のことが好きじゃないから、君がお話ししてもよく分からないんだって。お話ししたいなら、何が好きか聞いてみるといいね」と、人それぞれ興味の対象が違うことを、その都度教えていきます。「話をしたい」という気持ちを削がないためにも、話すためのヒントをアドバイスすることも大切です。

・言われた人の気持ちを一緒に考える

下品な言葉や人の嫌がる言葉を言ったとき、「相手がどういう気持ちになったと思う?」と尋ねてみます。相手が傷付いていることが理解できていないようであれば、よく似た状況の絵カード（図表21）を使い、「言われた子はどんな気持ち?」「喜んでいる?　怒っている?」

図表21　悪口を言ってしまう様子

「どうして笑っていないのかな？」などと一緒に考えて、苦手なことや欠点を指摘されると嫌な気持ちがすることに気づかせます。

・絵カードなどで本人のつまずきを知ることからスタートする

場面に応じた言動が取れない子どもが、「どう見えて、どうとらえているのか」を知ることが、本人に適した「接し方」のスタートとなります。例えば、日常の生活場面でありがちなエピソードの絵カード（図表22「本人のつまずきを知ることからスタート」）の黒枠で囲んだ部分のみを提示して、矢印の中央の男の子に注目するように伝えたうえで、「何が起こっているかな？」あるいは「この男の子は何してる？　どんな気持ちかな？」と質問してみます。そして、

図表22　本人のつまずきを知ることからスタート　エスコアール絵カード

書籍名：ソーシャルスキルトレーニング絵カード 状況の認知絵カード 1
編・著：ことばと発達の学習室 M
発行元：エスコアール

「怒っている」と答えたら、「なんで怒っているのかな?」と聞いてみます。ここで、「後ろの男の子に急に叩かれたから」と答えることができたら、なぜ後ろの子が叩いてきたかを考えてみます。同時に、黒枠内の絵だけでは分かりにくいでしょうから、徐々に枠を広げて、絵カード全体も見るようにしていきます。全体が見えてきたときに、「鉛筆を落としたことを教えてくれるために叩いた」と正答が出たら、全体を見ることの大切さを伝えます。全体を見てもすぐに正答が出ないときは、「後ろの子の指先を見てごらん」とヒントを出すことも可能です。もし、全体を見て、ヒントを出しても分からなかったり、「(いちばん後ろの子が) 紙を丸めて飛ばしている」など独特の視点の答えしか出てこなかったりしたときは、1対1場面に立ち戻っての理解が必要になってきます。このように、本人がどう見えているのか、どうとらえているのかを周囲の大人が知ることで、本人に応じた接し方、指導ができるようになり、本人の気づきと学習意欲が増してきます。

なお、絵カードなどの学習で理解できたあとは、後述の「感覚統合的接し方」を参考として、遊びなどで練習していくことで、日常の生活場面で適切な行動が取れるようになっていきます。

ペアトレ的接し方

・「待ってから褒める」を実践する

親が家事などで忙しいときに、子どもが好きなことについて話し始めるので困ってしまう、というエピソードをよく聞きます。例えば、「教えてくれてありがとう。でも、今は夕食の準備をしているから、危なくて話を聞けません。７時まで待っていて」などと明確に伝え、待てたら必ず褒めます。切り替えが苦手な子どもの場合は、待っている間に何をするか、例えば「向こうのソファに弟がいるから、一緒に遊んであげて」など、具体的に指示しておくことも有効です。このときに大切なことは、前述の25％ルールで褒める（77ページ）ことです。すぐには切り替えられなくても、何度か話し掛けてきたあとに弟のところに行くことができたら、しっかり褒めてあげましょう。

もし、構ってほしいだけなら、「じゃあ、お皿をテーブルに並べてくれるかな」と一緒に手伝ってもらいましょう。このときも褒めるチャンスです。

・否定ではなく訂正して伝える

言葉が間違っているときは、「その言い方は違う」ではなく「〇〇と言ったほうが分かりやすいよ」という伝え方をします。その言い方を次の機会に使えたら褒めます。

感覚統合的接し方

・身体を使った体験を言葉にする

言葉自体は知っていても言葉の意味が分からない場合があります。優しい、という言葉を覚え

図表23　ボール遊びをする様子

るだけでは、優しいという言葉の意味は分かりません。どういう動作や行動が優しい、ということを意味するのか、伝える必要があります。例えば、ゆっくり相手の身体に触ったとき、「○○くんの肩にゆっくり触ったね。優しかったよ」といった感じです。画像や動画からの学習だけでなく、自ら身体を使って体験させ、その体験に対して、本人に伝わるように具体的に声掛けをしていくことが大切です。直接相手の身体に触れるような、感覚を通したコミュニケーション～スキンシップは言葉でのコミュニケーションの基になります。

・状況を把握する遊びを行う

状況に応じた行動が苦手な場合には、出力（言葉）の問題ではなく、状況把握が苦手な場合もあります。私たちは、視点を移し、注意を切り替えながら全体の状況を把握しています。一点に集中してしまい、注意を切り替えることが難しいと状況把握が難しくなります。

３人で三角の位置に立ち、それぞれが1個ずつボールを持ちます。右隣の人にパスしながら同時に、左隣の人からパスを受けます。このように、同時に注意をしたり、注意を切り替えたりすることは視野を広げ状況把握能力を高める練習になります。

自分以外の人に興味がないように行動する

よくあるトラブル・困りごと

- 相手を無視する
- 視線が合わない
- 人の顔が覚えられない
- 相手の気持ちを察することができない

●どうしてなの？

まず押さえておきたいことは、「相手を無視する」は「興味がない」とは異なりますし、「相手の気持ちを察することができない」も「思いやりがない」ということではありません。表情や周囲の状況など、非言語的な情報を瞬時に理解することが苦手な特性をもっているのです。

視線に関する問題は、視点の移動や追視がスムーズにいかないという点が挙げられます。音の選別が苦手なため、声を掛けられた側に振り向くことが難しい場合もあります。さらに、物や人の顔の一部に注目し過ぎてしまい、全体把握ができないところもあると考えられます。「目は口ほどにものを言う」といわれますが、特にＡＳＤのある子どもは、相手の目から感情を察することが苦手です。人の顔を覚えるときにも、全体の印象ではなく、ほくろや耳の形、髪型やメガネなど、一部に注目して覚えていることが少なくありません。そのため、覚えていた部分が隠れていると「知っている人」という認識ができず、無視してしまうことがあります。例えば、母親がメガネを変えたので授業参観で気づけなかった、帰宅した父親が髪型を変えていたのでパニックになった、という子どももいました。もちろん、しばらくすると分かるようになるのですが、親からすると「自分の愛情が足りなかったのか……」とショックを受けたそうです。

相手の表情理解や全体の状況把握が苦手だと、その人が今、どういう状況にあるのか瞬時に判断することができません。そのため、相手の気持ちに寄り添えず、「空気が読めない」といわれる言動を取ってしまうのです。

また、普段から自分の言いたいことが相手に伝わらないことが繰り返されると、相手に伝えることを諦めて、やりとりを避けるようになってくることもあります。

SST的接し方

・相手の気持ちを考えて、行動する練習をする

「自分の気持ちに気づき、言葉で表現する練習をする」（105ページ参照）で紹介した、「表情と気持ちの絵カード」（図表15）や「気持ちのカード」（図表16）を用いて、自分の気持ちや相手の気持ちに気づく学習や気持ちを表出する練習をします。そのときの状況に応じて、親が「怒った顔」「泣いている顔」などの表情をして、「今、どんな気持ちでしょう?」とクイズのようにして尋ねてみましょう。「怖い顔」「変な顔」といった表現をする子も多いですが、必要に応じて気持ちのカードも併用してヒントを出しながら、気持ちの言葉が表せるように導いてあげましょう。子どもが、「悲しい」「怒っている」など気持ちの言葉として言えるようになったら、「じゃあ、悲しんでいるお母さんに声を掛けてみて」とロールプレイに親子でチャレンジしてみるのもよいでしょう。そうしてみると、悲しんでいる母親にとても優しくて思いやりのある言葉を掛けてくれるでしょう。このようなときは、「お母さんが悲しそうだから、大好きなジュースを持って来てくれたんだね。『大丈夫?』と聞いてくれたのもうれしかったよ。ありがとう」などと、褒めるだけでなく、お礼を言っ

たり、どのように言葉掛けをしてくれたからうれしかったのかを具体的に伝えたりしましょう。相手の気持ちや状態が分かることで、本来の優しさをうまく伝えることができるようになってきます。

ペアトレ的接し方

・子どもが相手の気持ちに気づけるようなヒントを与える

生活場面のなかで、相手が「どうしてほしいか」に気づく練習をします。例えば、手伝ってほしいときには、「手伝って」と言わず、「重いなあ」「困ったな」などと言いながら、子どもをチラチラ見るなどして、こちらの気持ちを子どもに分かりやすく示してみましょう。相手の気持ちを汲み取って手伝うことができたら、助かったこと、うれしかったことを具体的に褒めてください。期間を決めて、「ありがとう」と親が思った行動ができたときに「感謝シール」を貼るなど、成果が分かるノートやシートを作ると、より達成感をもてて、子どものセルフエスティームが向上することでしょう。

感覚統合的接し方

・自分の表情筋を使って表情をつくる練習をする

相手の気持ちは、どのようなプロセスで推測しているのかを図表24にまとめました。①自分の

図表24　相手の気持ちを推測するプロセス

①自分の感情を表情で表現できる
②自分の表情を気持ちの言葉で表すことができる（表情と気持ちの言葉の対応）
③相手の表情を見て、自分の表情を通して、自分があの表情だったときはどんな気持ちだったか考えることで、相手の気持ちを推測する（相手の表情の模倣ができるかが重要）

感情を表情で表現できること、②そのときの自分の気持ちを言葉で表現できること、③相手の表情を見て、自分があの表情だったときの気持ちを考えることで相手の気持ちを推測すると考えています。この過程では、相手の表情を模倣する力が重要になります。大人の口の周り、目の周りには表情をつくる筋肉が集まっています。大人が、口をすぼめたり、口を広げたり、目を見開いたり、眉間にしわを寄せたりして、それを子どもに真似させてみてください。にらめっこや顔の表情を真似るなど、顔の筋肉を動かす遊びをたくさんすることで、表情のバリエーションが増えていきます。うまく真似できない場合には、子どもの口元と目元を触って表情をつくってあげてください。表情ができたら、「怒った顔だね」「悲しい顔ね」といったように、表情に感情の言葉をつけていくとよいでしょう。

・気持ち当てゲームをする

ＡＳＤの子どもは、相手の目と口に注目しにくいといわれています。また、気持ちを読み取る場合には『気持ち』のほかにその

『原因』を分かることが大切といわれています。大人が表情を見せてその表情を真似させながら「どんな気持ちかな、目と口を見て」「何があったと思う?」といったように、表情から『気持ち』と『原因』を読み取る『気持ち当てゲーム』を行うとよいでしょう。

友達とうまく遊べない

よくあるトラブル・困りごと

- いつも一人で遊んでいる
- いじめられる
- 友達と主従関係のようになってしまう
- 遊びに加わっても、友達に避けられてしまう

●どうしてなの?

友達と遊べない、遊ばない理由は子どもによってさまざまですが、主に3つの要因が考えられます。

1．友達をつくる必要性を感じていない
2．遊びの輪に入る方法が分からない
3．友達と関わることが不安である

まず1については、空想の世界や一人遊びが楽しくて、現状に満足している状態です。ゲームの好みが一緒の人とネットなどで遊べているので、学校での友達を求めないこともあります。

2は、友達と遊びたい気持ちはあるのですが、どうやって仲間に入ればいいのか分からない、あるいは一緒に遊んでも仲間外れにされてしまう場合です。仲間外れにされる理由には、ルールを守れない、友達との遊びの展開が早くてついていけない、自分のやりたいことを主張し過ぎるなどが挙げられます。また、友達と主従関係のようになってしまい、命令される立場になっていたり、傍から見るといじめに近い扱いを受けていたりするのですが、本人は「遊び」と勘違いして、そのまま我慢している場合があります。

3は、過去の体験から、友達と一緒にいると嫌なことをされる、自分の思うようにできないという不安が高まって、あえて友達を避けてしまう場合です。

これら1、2、3が混在している場合もあります。

SST的接し方

・友達をつくることのメリットを伝える

一人遊びが好きな子を無理やり友達と遊ばせる必要はありませんが、友達がいると困ったときに助けてもらえることを伝えましょう。例えば、「怪我をしたとき、一人でいるのと友達がいるのとではどう違うかな？　友達が保健室に連れて行ってくれたり、先生を呼んで来てくれたりすると助かるね」と子どもにも考えさせながら話します。

また、「友達は何人いるの？」と聞くと、クラスメイトの数をそのまま言う子どもがいます。「友達とは」とインターネットで検索すると、「一緒に遊んだりしゃべったりする人」「一緒にいると楽しい人」「対等の立場で関われる人」などの定義も出てきますし、個人の書き込みも見ることができます。それらを参考として、本人がメリットと感じる友達のイメージをもってもらいましょう。

・友達に声を掛ける練習をする

友達と遊びたいときに話し掛けるタイミングは大切ですが、実は難しいスキルです。自分のペースで一方的に声を掛けたり、もじもじしてはっきりと声を掛けられなかったりして遊べないことがよく見られます。図表25「『上手に誘う』（例）」はSSTのロールプレイのシナリオ例です。友達が何かに集中しているときは「そばで待つ→タイミングを計る→はっきり声を掛ける」という流れのロールプレイを練習してみます。自宅では、親が練習相手になってあげましょう。ロールプレイで練習したあとには、普段の生活のなかでも実践してみましょう。例えば、子どもが声を掛けたそうにしているときには、一瞬家事の手を止めたり、目を合わせたりしてタイミングをつくってあげるようにします。タイミングよく声を掛けられたときは、話を聞いてあげるとともに、うまく声掛けできたことを褒めてあげましょう。そのような実践を通して、子どもが友達を上手に誘うスキルを上達していけるようになってきます。

また、タイミングを見極めるのが苦手な子もいますが、そのときは魔法の言葉を使うように練習しましょう。「今、ちょっといいですか？」です。このときにも、そばで待ってから、はっきりと言うことは必須です。この言葉が出てきたら、少し手を止めて、子どもと目線を合わせて次の言葉を待ってあげてください。

図表25　ロールプレイ
「上手に誘う」（例）

①タイミングをはかる（相手をよく見る）
↓
②「ねえ、バスケしない」
（はっきりした声で）
↓
③友達「いいよ」
↓
④「ありがとう」（お礼を言う）

・コミュニケーションのスキルを生活のなかで意識して練習する

誘う、お願いする、断る、褒めるなど、普段の生活のなかでも家族がコミュニケーションをうまく取るお手本を積極的に見せる、言葉で伝えるようにしていきます。図表26「スキルは具体的に示す」は、前述したＳＳＴの基本スキル「しっかり見て、じっくり聞いて、はっきり言おう」（70ページ図表６参照）をより分かりやすく示したものです。このような基本的なスキルから説明して、親子で実践していくのもよいでしょう。もちろん、できたら褒めます。

図表26　スキルは具体的に示す

ペアトレ的接し方

・まずは親が練習相手になる

親子遊びをして、誰かと一緒に遊ぶ楽しさを体験させてみましょう。図表27「親子タイム」は、ペアトレの「基本プラットホーム」にも入っている親が褒め上手になるための練習ですが、子ども自身が「褒められて嬉しい」「一緒に遊べて楽しい」という体験をすることができます。「二人きりで遊ぶ」のは、1対1の遊びからスタートしたほうが、子どもが自分のペースで遊べるので「楽しく遊びきる体験」をできやすくなるからです。親子二人きりの時間をもつことは兄弟がいるときには難しいのですが、父親と母親とで協力し合って、無理のない回数、時間で遊んでみてください。やりとり遊びが苦手な子どもの場合は、いつもの一人遊びのそばで見守って、タイミングを見て声掛けしたりすることで「その遊びに興味をもっている」ということをアピールしてみましょう。子どもが遊びを教えてくれたりしだしたら、一緒に加わりましょう。親も楽しく遊ぶことが成功の秘訣です。もし、不適切な行動、ルール破りなどが見られたときには、しばらく褒めることなく見守って、「今日の親子タイムは終わり」と告げて、その場を離れましょう。「○○ができたらまた一緒に遊ぼう」と、具体的にどうすればよいかのヒントも伝えておきましょう。

感覚統合的接し方

・周りの状況を見ながら身体を動かす

友達関係が苦手な場合、身体の動きが不器用であったり、眼球運動が苦手であったりす

図表27　親子タイム（スペシャルタイムの提案）

子どもにとって特別な時間（スペシャルタイム）で、

①親は口出しせずに、子どもと関わって一緒に遊ぶ（二人きりで）。
　子どもは、自分の好きなことを自分で選んで遊ぶ（やりとりのある遊び）。

②親は子どものそばでよく観察して、子どものやっていることを褒めたり、声を掛けたりしながら、子どもの遊びに興味をもっていることを示す。

③多少の不適切な行動は無視する。

④1回 15 分～ 20 分、週に 1～2 回、親も子どもも時間に追われないときに行う。

肯定的な関わりを身につけていく（親）
＋
楽しむ体験（親・子）

るために、周りの状況を確認しながら自分の身体を動かすような活動が難しくなることがあります。フラフープをいろいろな向きに設置し、フラフープに当たらないように身体を動かしながら進むゲームや、紐を蜘蛛の巣のように張り巡らし、紐に鈴を付けて、紐に当たらないようにする『脱出ゲーム』などもよいでしょう。衝動性が高い子どもには、スタート前にどうやって行くのかをイメージしてからスタートさせるようにすることも大切です。

・コミュニケーションにつながる身体を使った遊びの段階（図表28）

感覚統合の困難さがあると、友達と一緒に遊んだ実感がもちにくい場合や友達と一緒に遊ぶ成功体験が少ない場合があり、友達と遊ぶ経験が楽しくない経験となっている子どもがいます。子どもの段階に応じた、子どもが楽しさを体験できる集団活動を提供する必要があります。まず、①相手と直接身体を触れ合いながら協力するゲームから始めると、相手のことを意識しやすく友達と一緒にやる喜びを感じやすいです。例えば、二人三脚や手をつないで進むゲームなどです。次の段階②では一緒に物を運ぶおみこしのような活動がいいと思います。運ぶものは、机のように少し重めの物のほうが、運ぶものを意識しやすく、相手とペースを合わせやすくなります。最終段階③で、ドッジボールのような身体接触がない活動を行うとよいでしょう。遊ぶ人数はまずはペアから始めたほうが、相手を意識しやすくなります。ペアでの活動がうまくいったら3人や4人など徐々に人数を増やしていきましょう。

図表28　コミュニケーションにつながる身体を使った遊び例

①相手の身体に直接触れる活動：
２人が馬になり友達を乗せる

②相手との間に物を介する活動：
箱を手で挟み落とさないように運ぶ

③相手との身体接触がない
活動：3人交代で風船を
投げかごに入れる

公共のマナーが守れない・お出かけで困る

よくあるトラブル・困りごと

- 走り回る、騒ぐ、迷子になる
- すぐに帰りたがる、固まってしまう
- 買ってほしい物があると、駄々をこね続ける
- 知らない人に話し掛ける
- ルールを守らない大人を注意する

●どうしてなの？

いつもとは違う場所へ行くと、目に入った刺激的な物を求めて動き回ったり、大きな声を出したり、興奮したりするのはＡＤＨＤなど衝動性の強い子どもに見られがちです。新しいことが苦手なＡＳＤのある子どもは、不安からパニックを起こしたり、その場から動けなくなったりといったトラブルを起こしがちです。逆に、慣れた外出先だと、興味のあるエレベーターや刺激の多いおもちゃ売り場などに勝手に行ってしまうこともよく見られます。

以前に同じような行動を起こして自分の思いどおりになったという経験があり、不適切であっても同じやり方を続けることを「誤学習」といいます。例えば、駄々をこね続ける子の場合、過去に保護者が騒ぐ子どもを静かにさせようと要求を受け入れた（騒がしいので欲しい物を買ってあげた）などが原因となっていることがあります。

他人になれなれしくしてしまう子は、「この人は知っている人か？」「話し掛けてもよい人か？」を考える前に、言葉が出てしまう衝動性をもっていると考えられます。人に興味をもっている場合もありますが、単に自分の興味あることを一方的にしゃべっている場合もあります。また、大人に対して「横断歩道を渡りましょう」「マスクを鼻までしてないとダメです」などと注意してしまうのは、ルール順守という正義感もありますが、背景に場面の読めなさがあるため、言われて怒っている相手にも注意し続けてしまって危険な目に遭うこともあります。今までに自分が親や先生から注意されたことが強く心に残っていて、同じことを誰にでも当てはめて考えるため、場に応じた柔軟な行動が取れなくなっているという面もあります。

SST的接し方

・予定は変わることがあると教える

予定の変更が苦手な子の場合は、途中で計画が変わっても心配ないことを事前に伝えておくようにします。例えば、電車が遅延して、映画の開始時間に間に合わないと分かるとパニックになる子もいます。その場で伝えてもすぐ冷静にはなれませんから、「もし、間に合わなくても次の回を観られる」という情報を事前に教えておく必要があります。

・話し掛ける練習をする

ルール違反の大人を注意するという行動は、不適切な行動とは言い難いのですが、本人の身に危険が及ぶことは絶対に避けなければなりません。衝動的にしゃべってしまうが、あとで振り返ると状況が分かる子には、「一瞬立ち止まって、相手の様子を見てから話し掛ける」という練習を行うことでリスクを軽減できることがあります。しかし、場面察知が苦手な子の場合は、原則「親に小声で話す」などの代替行動を取るほうがよいでしょう。

ペアトレ的接し方

・ルールをつくって事前に約束する

公共の場や新しい場所へ行くときには、必ず事前にいくつかの約束を交わします。大声を出さない、走らない、知らない人に話し掛けないなど、最低限守ってほしいことを具体的に示します。子どもの好きな本やゲームを持参させる場合は、使用できる場所や時間を伝えておきましょう。禁止や制限だけでは楽しくないので、約束を守れたら最後に魅力的なご褒美があることも伝えておくのもよいでしょう。それらの約束を目的地に着いたら、必ず復唱させて確認しておくことも大切です。

約束を守れた場合は報酬をあげるようにすると、本人も意欲的に頑張れます。「報酬」には二種類あり、約束を守っているときと最後まで約束を守れたときにあります。約束を守れて大声を出したり、走ったりしていないときに「すぐに、頻回に」言葉で褒めるというのも有効な報酬です。そして、最後まで頑張れたときには、約束していたご褒美をあげましょう。なお、公共の場での約束を果たすというチャレンジはとても大変なものです。親も頑張っているのですから、子どもがご褒美をゲットしたときには、後日でもいいので自分にスイーツなどのご褒美を買うのもよいかもしれません。

・ルールを守れなかったら、タイムアウトを行う

約束が守れなかったときは、本人が駄々をこねてもご褒美をあげないようにしないと「誤学習」につながる恐れがあります。出かける前に、「約束を守れなかったら途中でも帰る（タイムアウト）」と宣言していたら、何度注意しても不適切な行動が止められなければ、ご褒美を買わない、途中でも帰るなどのきっぱりとした対応が必要です。なお、このような公共の場で「約束を守れたらご褒美」「できなかったらタイムアウト」というチャレンジはとても難しいものです。次に説

図表29　子どもの行動をABCから理解して、対処する（例1）

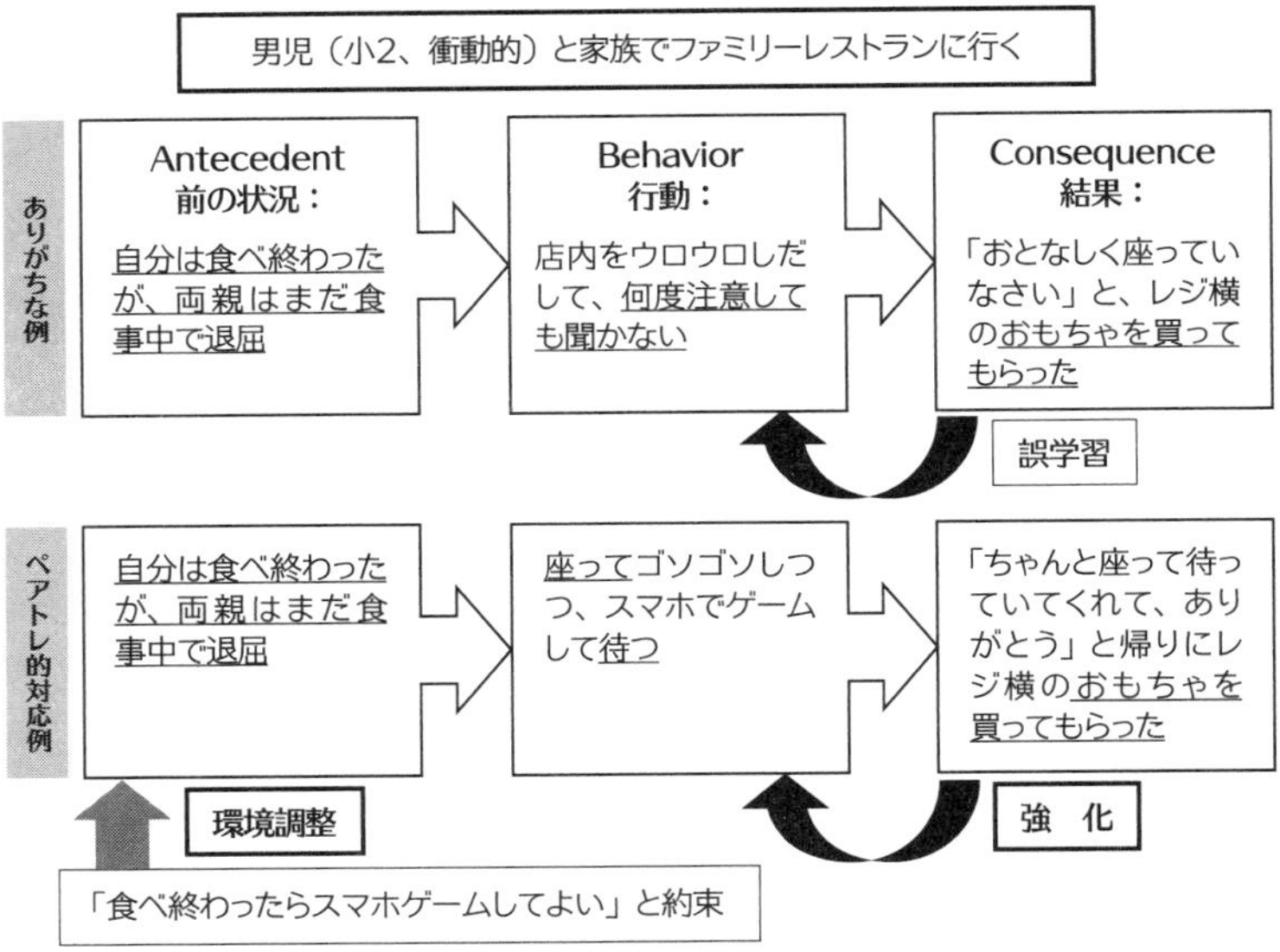
男児（小2、衝動的）と家族でファミリーレストランに行く
ありがちな例
Antecedent
前の状況：
自分は食べ終わったが、両親はまだ食事中で退屈
Behavior
行動：
店内をウロウロしだして、何度注意しても聞かない
Consequence
結果：
「おとなしく座っていなさい」と、レジ横のおもちゃを買ってもらった
誤学習
ペアトレ的対応例
自分は食べ終わったが、両親はまだ食事中で退屈
座ってゴソゴソしつつ、スマホでゲームして待つ
「ちゃんと座って待っていてくれて、ありがとう」と帰りにレジ横のおもちゃを買ってもらった
強　化
環境調整
「食べ終わったらスマホゲームしてよい」と約束

明する「環境調整」として事前に十分な工夫を行うことと、普段から「褒める（親）⇔褒められる（子）」のやりとりを十分できてからチャレンジすることを心掛けてください。

・行動のABCで事前に環境調整をしていく

公共の場で子どもの止められない行動をコントロールするのは、とても難しいことです。ペアトレでは、「行動には必ず理由がある」という理論に沿って、図表29のように、子どもの行動を冷静に観察して、ABCに分けて考えるようにします。図の上段の例では、子どもは店内の刺激的なものに気が散ってウロウロしてしまいましたが、結果的におもちゃという「ご褒美」を手に入れています。「不適切な行動をして得をした」という誤学習となっているため、次にお店に行ったときにも同じことが繰り返されてしまう可能性が高まってしまいます。お店では、親は周囲の目が気になりますし、本人も興奮してブレーキが利きにくくなってしまっているので、この不適切な行動を制止することは困難です。そこで、下段の例のように、お店に行く前に「適切な行動」の約束をしておきます。このときには、「この子が、このような状況で達成可能な目標」を約束ごととしてください。そして、多少ゴソゴソしていても、「ゴソゴソしない！」と叱るのではなく、約束どおり座って待てていることを褒めるようにします。そして、両親とも食事を終えることができて、子どもが約束を果たせたときに、ご褒美をあげましょう。このように、環境調整を事前にしておいて、適切な行動が見られたらしっかり褒めることで、その行動が定着していきます（強化）。

感覚統合的接し方

・身体感覚刺激を増やし、視覚・聴覚刺激を減らす

ルールが分かってない、誤学習をしているといったことが考えにくい場合には、慣れない場所での新しい感覚刺激で脳が混乱しているなど、感覚統合の問題である可能性があります。前述のように身体には刺激を入れ、視覚、聴覚刺激は減らしたり整理してあげたりすると、落ちついた

行動ができることがあります。

・ぎゅっと抱きしめるなど身体に刺激を入れる

ぎゅっと抱きしめてあげる、手をぎゅっと握ってあげるなど、身体に圧迫刺激を入れると落ちつける場合があります。

・視覚、聴覚情報を整理させる

新しい場所でいろいろな情報が飛び込んできて落ちつかないときには、「あそこに面白い形の建物があるよ」「あそこに路線図があるね。降りる駅は○○だよ」などと、どこを見たらいいのか示してあげると、視覚刺激の整理ができることがあります。難しそうであれば、視覚、聴覚刺激の少ない場所に移動すると落ちつくことができます。

こだわりが強い

気になる癖がある

よくあるトラブル・困りごと

- 爪や鉛筆を噛む
- 鼻の穴をほじくる
- 股間を触る
- チック（瞬き、顔をしかめる、肩をすくめる、咳払いなど）
- 髪の毛を抜く

●どうしてなの？

不安の影響の場合もありますが、感覚欲求を満たすための行動であることもよく見られます。感覚欲求の場合は、ぼーっとしているときや考えごとをしているときに、無意識に行動していることが多いです。

チックは、医学的には癖ではなく、「チック症」という神経発達系の疾患としてとらえられています。多くは幼児期後期から児童期に一過性に見られるもので、環境変化など不安要因が改善することに伴って消失していきます。一部重度のチック症、すなわち、運動と音声のチック（顔だけでなく首や肩、咳払いだけでなく奇声など）が重なって数週間以上続く場合は、「トゥレット症」として脳のドーパミンが過剰となっている病態であることが考えられますので、早目に医療機関で相談してください。

髪の毛を抜く場合は、まず「抜いている」のか「抜けてしまっている」のかを観察してみます。抜けてしまって「円形脱毛症」となっていると思われる場合は、ストレスの影響もありますが、まずは皮膚科医療機関に相談してみましょう。

SST的接し方

・代用品を用いるとともに、目標行動を設定する

噛み癖には鉛筆キャップなどの代用品（図表30）を用いることがあります。その際には、「何かを噛んでいることで授業に集中して参加できる」などの目標行動を本人、先生と親とで話し合いましょう。「何も噛んだらいけない」という約束だと余計に授業に集中できなくなる子どもも、このような目標行動であれば授業に参加しやすくなります。しゃべることで噛むことをやめられるので、先生から発問してみるのもよいと思います。答えられると、正答できたことをさらりと褒められる

ので、一層目標行動が達成できるようになっていきます。

股間を触る場合は、直接触らないようにズボンやスカートのウエスト部分を強めに締め、手が入らないように工夫します。また、その癖で、周りが嫌な気持ちになることや自分が避けられてしまって損をすることを伝えましょう。

ペアトレ的接し方

・事前の約束をしておいて、気づかせて、褒める

まず本人がその癖をやめたいと思っているかどうかを確認します。少しでもやめたい気持ちがある場合には、その癖を減らすための話し合いをしたうえで、その癖をしているときに「気づかせる」ことが大切です。癖は無意識下でしていることが多いからです。例えば爪噛みをしているときに、親から子どもへ視線を投げ掛け、その目線に気づいてやめられたら「OK」サインを出します。親が制止の声掛けをして止めるのではなく、本人に気づかせて、本人が止められたら褒めるのです。髪の毛を抜く場合は、抜けている部分を手鏡などで本人に気づかせることで、本人に「やめよう」という気持ちを意識させます。親の対応としては、爪噛みと一緒で意識化させて、自分でやめられて

図表30　Qキャップ付き鉛筆

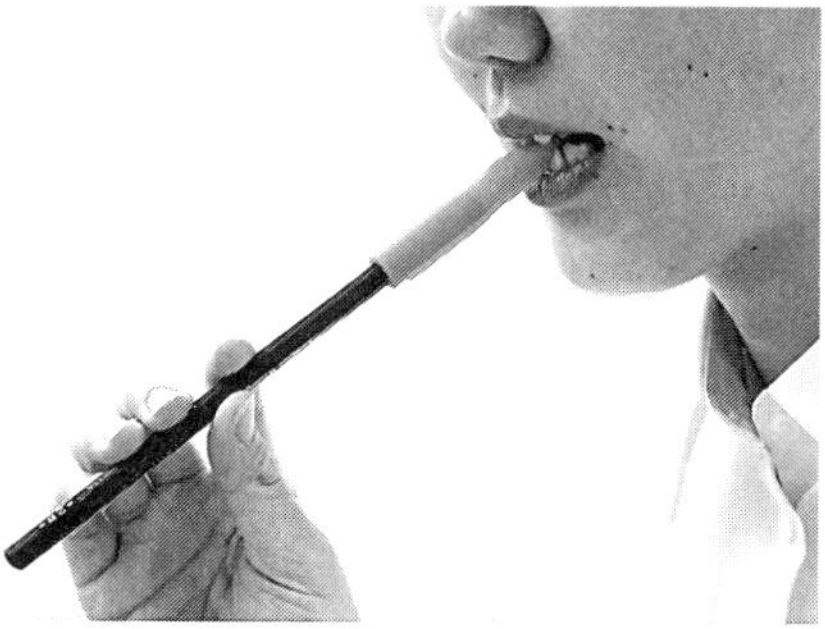

いたらさらりと褒めるようにします。イライラしているときに増えるようなら、身体を使ったり、何かを抜いたりする遊びでイライラを発散させることも併用しましょう。

なお、爪噛みは小学校高学年以降でも続く場合がありますし、気づいていてもやめられない、ということがあります。そのようなときは、本人と話し合ったうえで、生活に支障がなければ、「人前では噛まない」ということでもOKとしましょう。

感覚統合的接し方

- 口に刺激を与える：グミ、スルメ、ビーフジャーキー、ガムなど噛み応えのある食品を噛むほか、噛むための鉛筆キャップ（151ページ）などのグッズも販売されています。風船を膨らませたり、楽器を演奏したりするなどもよいでしょう。
- 手遊びに関しては、触ってもよい場所を指定する、触ることで刺激を得られるグッズもよいでしょう。

噛んだり手遊びをしたりすることで脳に刺激が伝わり、脳の働きが活性化されます。アメリカでは学校内に感覚欲求を満たす設備があったり、感覚を満たすグッズがたくさん紹介されています。日本では、『噛むこと』『触ること』は、お行儀が悪いこととされていますので、グッズを取り入れることが難しい面もあります。

「失敗」と「負け」に弱い

よくあるトラブル・困りごと

- 負け、失敗でかんしゃくを起こす
- 勝ち負けのある遊びに参加しない
- 勝つまでやりたがる
- 負け、失敗を認めない（人のせいにする、途中でやめてしまう）
- 人が負けたときにはからかう
- 「×」をつけられることを極端に嫌がる

●どうしてなの？

先の見通しを立てるのが苦手な子は、負けたらどうしよう、失敗したらどうしようという不安を常にもっています。そのために「負けても次に勝てばいい」「負けることもあるさ」と、軽く構えることができませんし、「勝つか負けるか」という結果にこだわってしまって、勝敗がつくまでの経過を楽しむことができません。ですから、負けそうになると途中で抜けてしまったり、勝つまでやりたがったりするのです。

負けや失敗を振り返ることも苦手なので、新しいやり方でチャレンジすることもできません。そのため、勝ち負けのある遊びや活動を避けるようになってしまいます。

一方で、相手の気持ちを察することも苦手なので、自分が勝ったときには、負けた相手に対して「弱いな〜」「負け〜」などのようにからかったりするため、「負けたらすねるくせに、勝ったらいばる」など周囲の子どもに避けられるようになってしまいます。

学習面においては、プリントや漢字ドリルなどで、×をつけられたり、訂正させられたりすると、「自分を全否定された」「自分は何もできない」と極端にとらえてしまい、そのプリントを破ってしまったりして、それを叱られてますます取り組めなくなることもあります。

これらはわがままな行動に見えますが、その行動の背景には、認知の問題（場が読めない、先が見通せない）、心理的問題（不安）、こだわり（100点か0点か）があります。周囲の関わり方（わざと負ける、×をつけない、過度に責めるなど）が本人の誤学習、すなわち不適切な行動の繰り返しにつながっていないかについても、考えてみる必要あります。

SST的接し方

・勝つ人がいると負ける人がいることを教える

本人がスポーツに興味をもっている場合は、野球では一流選手でも打てない打席のほうが多いことを数字（打率）で教えたり、金メダルの人も負けるときがあるなど、勝ち続ける人はいないことを知ってもらいます。負ける人のほうが圧倒的に多いこと、同じ人でも勝つことも負けることもあること、負けたからすべてダメなわけではないことについて、スポーツ観戦などをしながら話して聞かせます。また、負けたことを悔しがることは決して悪いことではない、ということも併せて伝えましょう。

・負けたとき、負けそうになったときの対策を考える

勝敗のある遊びをする前には、負けそうになったとき、負けたときにどうしたらいいかを考えさせてからゲームを開始します。負けたときに騒いだりすると、友達に嫌われてしまったり、次の機会に一緒に遊べなくなって損をすることを伝えます。前述した怒りのコントロール（112ページ参照）の練習をしておくことも有用です。このように事前に話し合って、「勝ち負け」という結果以外の目標をもてた場合には、負けそうになってイライラしてきても爆発していないことをさらりと褒めたり、負けたあとも最後まで勝負できたことを褒めたりしましょう。

・少人数のチームやグループでの勝ち負けのつく遊びに挑戦する

ＳＳＴでは、2人1チームとしてサーキットトレースやカードゲームをしたり、大人も参加しての綱引きやドッジボールなどを行ったりします。そのときの原則は、「本気を出す、勝ち負けをはっきりさせる、そして楽しむ」です（もちろん、大人側が有利なゲームのときはハンデをつけます）。このように大人が参加できる、あるいはサポートできる遊びを通して、「気づき」を促進して、「遊びきる」楽しさを体験することができます。

例えば、一人の子どもが失敗してキレてしまったときは、その本人も周囲の子も「気づき」のチャンスとなります。遊びの輪から本人と大人スタッフ一人が離れてクールダウンしながら、決してキレた子を責めるのではなく、経過を振り返るなかで、その子の気持ちや周囲の子の気持ちを聞いていくことで、本人は「相手に迷惑を掛けた」「こうすればよかった」「周りの子が自分を嫌っているわけではない」という気づきが得られやすくなります。「暴力や物を投げるなどの危険行為はなかった」と本人なりの怒りのコントロールが見えてくることがあります。ＳＳＴの遊びでは「申告すればその場を離れることはＯＫ」「いつでも再参加できる」というルールがあるので、本人が希望すれば遊びに再参加して遊びきることができます。周囲の子どもたちからも、「ドンマイ！」「ナイス！」などの温かい応援が見られることもあります。「失敗しても大丈夫」「楽しかった」という体験が得られることは、本人の社会性の向上への大きなステップとなるのです。

家庭や学校においても、「失敗した→気持ちをコントロールできた→楽しめた」という勝ち負けにこだわらない、経過を楽しむ遊びにぜひチャレンジしてみてください。その際は、「このチャレンジはとても難しい課題である」ということを大人側が認識しておいて、無理のないゲーム設定、ちょっとした頑張りや成功に目を向けて褒めていくようにしましょう。

ペアトレ的接し方

・気持ちを伝えられたことを褒める

負けたときに「悔しい」などの言葉が出た場合には、言葉で表現できたことを褒めます。ただし、相手を責めるような言葉はきっぱり禁止します。親が一緒に遊んでいるときは、気持ちを言葉で表出したり、相手の失敗に「ドンマイ！」「大丈夫」、成功に「すごい」「やるなぁ」などと声を掛けたりしながら、楽しみつつ、お手本を示してあげましょう。

・失敗や負けを体験させる

新しいことにチャレンジしたときには、失敗してもいいので励ましましょう。結果がどうであれ、チャレンジしたことを褒めます。また、ボードゲームやカードゲームなどの勝ち負けのある遊びをするときは、普段から親がわざと負けないようにしましょう。力に差がある場合は、あらかじめハンデをつけるようにします。そのうえで、真剣に遊び、楽しむお手本を示しましょう。

・学校と連携する

100点か0点かにこだわってしまう子どもの場合、学校の先生の理解と協力を得ることがとても大切です。「テストで×をつけない」「勝ち負けのある遊びを学校で行わない」とお願いするのではありません。例えば、図表31「学校との連携のための連絡シート（例）」のように、目標行動を学校の先生と本人（と親）で立てて、それを1～2週間など期間を決めて記録してもらうことをお願いしてみましょう。このシートを用いた子は、×が苦手なので、◎○△で記すようにするとともに、当番のない日は斜線で記載部分を消すようにしています。コメントについては、目標行動に注目して、学校でも家でも25％ルールで褒めています。「言われる前にお手伝いできたらいいね」「来週はパーフェクトの日を増やそう」とつい言ってしまいそうになるところですが、今回の目標行動のみに注目して、プラスのコメントを記載するのがコツです。

図表31　学校との連携のための連絡シート（例）

目標行動	6/1（月）	6/2（火）	6/3（水）	6/4（木）	6/5（金）
授業中ノートを書く	○	△	○	○	◎
給食を残さず食べる	○	◎	○	◎	◎
当番をする	△	＼	○	＼	◎

先生からのコメント：今週は給食を頑張って食べました。金曜日はパーフェクトでした！

保護者からのコメント：ありがとうございます。家でも苦手なピーマンを一口食べました。お皿洗いも手伝ってくれて助かりました。

感覚統合的接し方

・『失敗』ではなく試行錯誤のなかでの『気づき』ととらえてもらえるようにする

失敗にこだわるのは、結果のみに注目し、過程があいまいな場合に起こりやすくなります。感覚統合に課題のある子どもは、鈍感さや不注意、不器用さをもっているため、自分がどうやったのかという過程を自分の身体でとらえたり、工夫したりすることが難しくなります。結果は主に視覚で分かりますが、過程は主に身体感覚で分かります。過程が分からないまま工夫することもできず、結果として失敗のまま終わってしまいます。失敗を失敗のまま終わらせず、過程に気づかせ、工夫して成功する体験が必要です。

本人が自分の身体で過程に気づくためには、メリハリの利いた感覚を体験できる活動を行うことが大切です。その活動のなかで過程に気がつくと、「こうしたからうまくいかなかったんだ」という原因が明確になり、「次にこうしたらいいんだ」という計画が自分でできるようになります。失敗しても工夫でき成功できるようになると、失敗に強い状態になり失敗にこだわらなくなります。

家庭や学校では、少し抵抗感のある木工や肉体労働系の活動がよいと思います。メリハリの利いた感覚刺激を提供することが難しい場合には、感覚統合療法のできる専門機関にご相談ください。感覚統合療法のなかでは、思い切って失敗し、過程に気がつき、どうしたらいいか工夫する力が身についていきます。

予定変更が苦手

よくあるトラブル・困りごと

- 予定が変更になるとパニックになる
- 普段と違う時間割の日の登校をしぶる
- いつもと違う道順ややり方を嫌がる

●どうしてなの？

予測を立てることが苦手で、こだわりの強い子は、いつもと違うシーンに出くわすとまったく先が見えなくなり、強い不安に襲われて混乱します。そのため、いつもの決まった電車に乗ろうとしたら遅延していた、いつも通る道が工事中で遠回りしなければならなかったなどの状況で、パニックを起こしてしまいます。学校行事など、普段と生活の流れが違う日は登校自体を嫌がります。

担任の先生が休みで、代わりの先生が授業するような場合に、授業の進め方や道具の使い方に違いがあると、「違う」と主張したり、どうしていいか分からず何も手につけられなくなったりしてしまうこともあります。これは、普段はパターンで覚えていることが通用しなくなってしまうからです。

SST的接し方

・予定の示し方を工夫する

変更になる可能性がある場合は、原則事前に伝えるようにします。「視覚化する」ということも大切です。ただし、分刻みのスケジュールなどを示すと、そのとおりにならないことも多いので避けるほうがよいでしょう。大まかにその日一日の予定をホワイトボードなどに示してあげてください。「○○したあとに、△△となります」と順番で示すことも不安の軽減に役立ちます。

・パニックになっても落ちつける場所を探しておく

もし、パニックを起こしたり、気持ちが落ちつかなくなったりしたときには、落ちつける避難場所へ移動します。学校であれば、教室の隅っこや特別支援の部屋など、安全で目が行き届く、そして刺激の少ない場所を本人の希望も聞いて決めてあげてください。このようなときには、担任の先生だけでなく、管理職含めた学校全体の協力が必要です。家庭では、布団にくるまるなど、狭くて暗い場所を用意しておくとよいでしょう。いずれにしても、「気持ちをコントロールできた」「急な予定変更にも途中から参加できた」と本人の成功できた部分に目を向けて、褒めてあげてください。危険行為に陥らずに、目標行動が少しでもできたことは立派です。

ペアトレ的接し方

・変更内容を視覚化する

ＳＳＴ的接し方と重なりますが、「変更」があったときは、そのことを家庭で用いる予定表に書いて示します。目で見て確認できると、安心感が生まれます。

・いつもと違うことを伝える

通学時に違う道を通るなど、いつもと違う状況になるときには、「今日はいつもと違う道を通るけど、大丈夫かな？」と事前に説明し、「じゃあ、10分早目に家を出て学校に行こう」と本人と約束します。そして、泣いても、立ち止まっても、安全確保をしながら落ちつくのを待って、目標どおりの行動をします。そのうえで、いつもと違うことを受け入れられて、目標達成できたことを思いっきり褒めます。これは本人にとって大きなチャレンジですので、ぜひ一緒に喜んであげてください。

感覚統合的接し方

・過程を変更することが難しい、感情のコントロールが難しい

「『失敗』ではなく試行錯誤のなかでの『気づき』ととらえてもらえるようにする（159ページ）」、「暴言や暴力が見られる（109ページ）」をご覧ください。

注意欠損

集中力が弱い・続かない

よくあるトラブル・困りごと

- 授業中ぼーっとしてしまう
- 人の話が聞けない
- じっとしていられず、授業中にも身体が動いてしまう

●どうしてなの？

ぼーっとしていることの多い子は「覚醒」が低くなっていると考えられます。覚醒とは簡単にいうと、脳が目覚めている状態です。ぼーっとしているときは覚醒が低く、身体は起きているが、脳が休んでいると考えると分かりやすいでしょう。

覚醒の低い状態では、周囲からの刺激も入りにくいので十分な活動ができません。そこで、集中して何かをしなければならないときには、自分で身体に感覚刺激を入れて脳を活性化させようとします。それが、歩き回る、身体を動かす、音を立てる、何かを噛む、触るといった行動とし

て表れたりします。

いったん覚醒レベルが上がっても、興味がない作業や刺激の少ない単調な作業が続くと、再び覚醒レベルが下がってしまいます。今やるべきことが分かっていないために、飽きてしまうこともあります。

人の話を聞けない場合は、意識が逸れている可能性があります。例えば、授業中に隣の席の子の洋服の模様が気になって仕方がない、外から聞こえてくる鳥の鳴き声に聞き入っているというような状況です。話をしている相手の声と周囲の音、関係のない人の声などが混ざっているときには、必要な声を集中して聞き取るフィルターのような機能が脳にはあるのですが、その機能が弱いのです。振動音の大きい地下鉄の中で、離れた席からしゃべり掛けられると周りの音が邪魔をして聞き取れないことがあると思いますが、それに似た状況といえるでしょう。

耳の病気が原因ということもあります。鼻炎症状が続くと合併しやすい滲出性中耳炎では、水の中のように音がボワンと聞こえます。鼻炎症状があって、普段より聞こえが悪いと感じたら、まず、耳鼻科を受診して中耳炎など聴覚障害がないかをチェックしてもらってください。

SST的接し方

・「聞く」スキルを身につける

SSTの合言葉でもある「しっかり見て、じっくり聞いて、はっきり言おう」（70ページ図表6

参照）のうち、聞くスキルを練習しましょう。じっくり聞くためには、「（相手が）話しているときにはおしゃべりしない、音を立てない」「話が終わるのを待ってから質問する」スキルも大切ですが、しっかり見るためのスキルである「話をしている人に身体（おへそ）を向ける」「話をしている人の顔（目、鼻）を見る」も併用するようにしてください。何度も注意しなくて済むように、基本となるスキルを紙に書いて貼っておくようにしましょう。本人も適切なスキルを使いやすくなりますし、そのスキルを使っているときに大人側も褒めやすくなるので、そのスキルが定着していきます。

・授業に集中できる環境を整えてもらう

担任の先生の協力は最も大切です。気の散りやすいことを理解してもらって、席の位置や掲示物などの配慮をお願いしましょう。外の様子が気になる窓側の席を避けてもらう、黒板の周囲に掲示物を貼らない、板書は必要な部分以外は消してもらうなど、授業に集中できる工夫をお願いしてみてください。お願いするときには、そのような配慮が「クラスのほかの子どもにとっても役に立つ」という視点で相談していくことがコツです。

・言葉以外でも注意を引く

「集中して」「こっちを見て」と声の指示だけではなく、軽く肩をトントンと叩いて注目させるようにします。授業などで20分くらいしか集中力が続かない子どもの場合は、その手前で本人がゴソゴソしだしたときに、できていることをさりげなく褒めることで、集中力が続きやすくなります。集中できた際には「ＯＫサインを送る」など、さらりと褒めてください。過剰に褒めるとその言葉で本人の気が散ってしまうこともありますし、クラスだとほかの子どもから不公平感をもたれてしまうこともあります。

・発言の機会を設ける

自分の世界に入り込みやすい子の場合は、授業中や家庭学習のなかで、発言の機会を設けてあげると集中力が続きやすくなります。単発に答えられる程度なら、すぐまた空想の世界に戻ってしまうので、２~３往復のやりとりをしたほうがいいでしょう。学校でも、集中が切れてきた様子が見られたら、簡単に答えられる問い掛けをしてもらえるように先生にお願いしてみましょう。

ペアトレ的接し方

・少しずつ集中できる時間を延ばしていく

まずは、数分でも集中できたら「ちゃんと座って食べているね」「勉強頑張れているね」と具体的に褒めてあげましょう。１時間かかる宿題を仕上げるのに、15分程度でできる量を示しておいて、それができて、褒めて、また次の15分取り組む、という繰り返し作戦も有効です。「宿題を終えることができたらおやつ」という普段の生活での流れをつくることも大切です。

・空想好きな子は、本人の世界も大切にする

空想の世界に入って問い掛けに答えないとか、学習が止まっているときには、ゲームキャラクターなど、その子の好きな設定で話し掛けて注意を引くという方法もあります。現実の世界にも楽しそうなことがあることを示し、意識を引き戻す工夫をしてみてください。「この空想の時間があるから、本人が頑張れている」という発想で、空想の時間を否定せずに、本人と接するようにしていくことで、本人と共有できる話題が増えてくるようになります。

感覚統合的接し方

・感覚統合的ウォーミングアップで覚醒を上げる

授業前のウォーミングアップとして、身体に感覚刺激を入れる活動を行うと脳の覚醒が上がり集中力が高まります。また、授業中にも感覚刺激が入る道具などを使用することで、集中力が高まることがあります。

授業前には、ジャンプや縄跳び、綱引きや力仕事などで全身に刺激を与える活動を行うと脳の覚醒が上がり効果的です。授業中には、ガムや噛むグッズ（151ページ図表30「Qキャップ付き鉛筆」）を与える、粘土、ゴム、スクイーズなどの触覚グッズや人工芝などを踏ませて手足に刺激を入れる、セラピーボールなど揺れる椅子に座る、などが効果的です。これらのグッズを与える際には、グッズを使うルールをあらかじめ決めておくこと（投げない、友達に貸さないなど）や、学校で受け入れられるものかどうか、ほかの生徒の迷惑にならないかどうかを本人と話し合っておく必要があります。また、グッズに集中し過ぎる場合もありますので、いろいろなグッズを試してベストなものを探していくとよいでしょう。

・覚醒を保つことができる環境設定

座った姿勢よりも立った姿勢のほうが、固有感覚刺激がたくさん入力され、さらに立ったままの姿勢よりも動いたほうが、前庭感覚刺激が入力されるため覚醒が上がり集中できる子どもがいます。授業中は席の移動を多くするような配慮があるだけで集中力は高まります。

聞くだけ、見るだけの授業には集中できない子どもでも、給食や話し合いなど口を動かす活動、図工のように手先を動かす活動には集中して取り組める場合があります。できるだけ、口や手先、身体を使った参加型の授業がよいと思います。

手遊び、口遊び、姿勢が定まらないといった行動のある子どもは、感覚刺激を入力することで覚醒を保ち授業参加しようとしているとも考えられます。他児に迷惑が掛からなければ、身体が動いてしまうことには寛容であったほうがいいように思います。

忘れ物・なくし物が多い

よくあるトラブル・困りごと

- 毎日のように忘れ物をする
- 消しゴムなどの学用品をなくす
- 学校のプリント類をなくす

●どうしてなの？

忘れ物が多い要因の一つは、周りの刺激に気をとられやすく、集中力が続かない点にあります。片付けなどをしていても、その途中で別のことに気持ちが移ってしまい、実行中の作業（片付け）を完了できないのです。「使ったら元の場所に戻す」という作業が苦手ですし、無意識に行動して物を置いていくので、いつも探し物をしているような状態になってしまいます。

脳の前頭葉の働きの一つ「ワーキングメモリ（注12）」の弱さが要因になっていることもあります。私たちは短時間の思考や記憶を利用して、いくつかの動作を並行して行っています。例えば「次の体育では縄跳びを使うので、体操服に着替えたら縄跳びを持って校庭に集合」と指示を出されたときに「縄跳びをロッカーから出す」「着替える」「校庭に行く」という3つの指示に対してワーキングメモリを活用して、「早く着替えて、忘れずに縄跳びを用意しよう」という判断のもとに行動します。このように与えられた指示を効率よく実行する力を「実行機能」(43ページ「ADHDの原因」参照)といいます。ところがこの機能が弱いと、同時にいくつもの記憶を保持し、その記憶から適切な行動を導くことができません。そのため、縄跳びを忘れて校庭に行ってしまったりします。言われたことを実行できない、決められた時間内に完了できないといった状況が発生してしまうのです。

実行機能の弱さだけでなく、日常生活での行動がルーティン化していない場合も挙げられます。朝の登校前の支度や放課後の宿題、時間割などを「普段の流れ」で行うことが苦手で、実行途中でほかの魅力的な刺激で気が散ってしまうのです。その背景には、神経伝達物質が緊張状態や楽しい状態でないと十分量が伝わらないという脳機能の問題があったりするので、一概に「やる気がない」とはいえません。また、逆にルーティンにこだわり過ぎる子どもの場合は、普段と違うものが加わると受け入れにくいこともあります。

(注12) ワーキングメモリ：作業記憶ともいう。脳の前頭葉の働きの一つで、一連の作業に必要な情報を一時的に記憶して、処理する能力のこと。

SST的接し方

・忘れ物やなくし物は「損をする」ことを理解する

一番の問題は、忘れ物をしても本人が困っていないことです。忘れ物が続くと、学校の先生も諦めて厳しく注意しなくなることがあります。すると、本人に「忘れても許される」という誤学習が生じてきます。そこで、忘れ物やなくし物をすると「損をする」ということを一緒に振り返っていきます。例えば、プール道具を忘れて見学になった、お気に入りの鉛筆をなくしてしまったといったことです。

・どうすればよいかを一緒に考える

例えば、学校の机にプリントを置き忘れてしまう場合は、机にすっぽり入る大きな布袋を用意して、そこから出し入れしたり、袋ごと持ち帰ったりすれば忘れ物を減らすことができます。また、持ち帰らなければいけないものをランドセルの内側に曜日別で貼って、「視覚化」するのもお勧めです。

・忘れたときの対処法を伝えて、練習する

筆記用具などを忘れたとき、勝手に友達の物を使う、あるいは「ないからやらない」と諦めてしまうことがあります。友達に借りるときに、「貸して」と言わずに勝手に取ってしまった、返すのを忘れて持ち帰ってしまったなどのトラブルが起きることがあります。

このようなときには、適切な「お願いする」スキルを用いて貸してもらう練習、ロールプレイをしてみましょう。

（子ども）消しゴムがないことに気づいて隣の席の子を見る
（母親＝隣の席の子役）ノートを書いていて気づかない
（子ども）軽く隣の机を叩いて、相手が気づいたら、目を見て「消しゴム忘れたからちょっと貸して」と小声で相手に聞こえる声で言う、相手がＯＫするのを待つ
（母親）「いいよ」
（子ども）「ありがとう」と消しゴムを借りる
（子ども）使ったらすぐ返す、「ありがとう」
（母親）笑顔

ロールプレイをするときは、実際の教室を想定して食事用のテーブルで隣に座って筆記用具やノートを準備して、「お願いするスキル」のポイント（相手を見て言う。ＯＫをもらってから借りる。そして、必ずお礼）を事前に伝えます。そして、ロールプレイでうまくできたら、「いい

よ、って返事するまで待ってくれたから気持ちよかった」など具体的に褒めます。

また、SSTで適切なスキルを定着させるためには、「日常生活のよく似た場面でも実践する」ことが重要です。家庭では、まずお手本として母親と父親が「借りてもいい？」「手伝ってくれる？」や「ありがとう」とお互いに助け合う姿を見せてあげましょう。お手伝い場面では、親から子どもにお願いしてみてもよいでしょう。子どもが人の物を勝手に使おうとしたら「なんて言うと、貸してもらえるかな？」と問い掛けて、気づかせて、うまくお願いできたら、褒めながら貸してあげるようにします。

ペアトレ的接し方

・できているところを褒める

時間割を確認するときは、周囲に気の散る物を置かないようにします。前日夜のうちに時間割を確認する習慣をつける、忘れ物なしの日をカレンダーなどにチェックしておいて褒めるなども、可能であればやってみましょう。

子どもが小学校低学年なら学校の準備に手助けが必要です。しかし、「お母さんの言うとおりにしなさい」とは言わず、一つでも二つでも自分で準備ができたことを具体的に褒めましょう。「体育があるから体操服を用意できたね」「鉛筆が丸くなっているのに気づいて削れたね」といった具合です。高学年になったら、子どもが寝たあとにこっそり持ち物を確認し、忘れているようなら、翌朝に「今日は体育のある日だっけ？　必要なものある？」とヒントの声掛けをしてみて、本人が気づいて準備できたら、さらりと褒めてあげましょう。「ちゃんと前の日から準備しないとダメでしょう」「お母さんが言わないと気づかないのかなぁ」と言いたくなるのは、じっと我慢です。忘れ物なく、本人が笑顔で登校できたら、それが頑張っている親へのご褒美です。「本人に合わせたサポートをしつつ、できたことを本人の手柄にする」ことで、徐々に適切な行動が身についていきます。

・持ち物に名前を書いておく

すべての持ち物に名前を書いておいても、本人がなくしたときにはなかなか出てきません。しかし、間違ってクラスメイトの物を持ち帰ってしまったときは気づくことができます。大事な物のときには、早急に担任に知らせるようにして、子どもに対しては責めるのではなく、「黙って返すのと何か言って返すのとどっちがいいかな？」「そうだね、ごめんねって言って返せるといいね」などと声を掛けましょう。

・学校の先生に配慮を求める

忘れ物対策には、担任の先生の協力が不可欠です。協力をお願いするにあたっては、①本人の特性を理解してもらう、②家庭で工夫していることを伝える、③配慮としてできることとできないことをお互い理解し合う、これら3点を押さえることが大切です。①②を飛ばして、お願いだけすると、子どもが自分でできるようになることにつながりません。

「書くこと」が難しい場合は、連絡帳のページをフォーマット化して「○」をつけるだけで済むようにするという方法もあります。パソコンで書式を作り、プリントアウトして連絡帳に貼ってあげましょう。先生側にお願いする配慮としては、普段と違う予定があるときには、本人が書けているかチェックしてもらったり、記載事項を黒板の横に書いてもらったりすることができないか、お願いしてみましょう。学年が上がると口頭だけで連絡事項を伝えることが増えるのですが、「一人だけ特別扱い」ではなく、「クラスのほかの子にも分かりやすい配慮」として、相談していくようにすると、連携が取りやすくなります。子どもの理解に基づく「適切な接し方」が家庭でも学校でもできることで、本人の成長が期待されます。特に、先生の褒め言葉は絶大な力がありますので、できて当たり前のようなことでも、本人の頑張っていることに目を向けて褒めてもらいましょう。

感覚統合的接し方

・短期記憶を養う練習を遊びのなかに取り入れる

子どもに、「お使い」をお願いするのはどうでしょう。スーパーなどで「牛乳を1本とリンゴを2個取って来て」などと、複数のお願いを一度にします。途中、スーパーのいろいろなものに注意が逸れ、お使いの内容を忘れてしまうことでしょう。そのときに、「牛乳1本とリンゴ2個でしょ」と答えを教えてはいけません。まず、「何かお願いしなかった？」と聞いてみましょう。子どもが「あ、忘れた！」と『自ら気がつき』『子ども自身が困る』ことが大切です。子どもが困ってから「飲み物と果物をお願いしたんだけど」とヒントを出してみてください。子ども自身が「あ、そうか！」と気づき思い出すことが大切です。

・注意が逸れないよう練習をする

忘れやすい子どもには、何かをやろうとしたときに、違うものに容易に注意が移り、一つのことがやり遂げられなくなる場合がよくあります。忘れ物をしないようにするためには、注意が逸れないように、刺激を少なくすることが大切です。時には、わざと注意が逸れるような物を置いておいたりして、「僕は注意が逸れやすくて、忘れやすいな」と子ども自身が気づくようにすると、少しずつ注意力が高まっていきます。

片付けられない

よくあるトラブル・困りごと

- 部屋や引き出しの中に物が散乱している
- 開けっぱなし、やりっぱなし、脱ぎっぱなしが多い
- まだ散らかっているのに「片付けた」と言い張る
- ブロックなど、自分で作ったものを崩すことを嫌がる

●どうしてなの？

まず、物の見え方や片付けの基準がその子によって違うという点が挙げられます。たくさんの物があるなかから特定の物を探すことがとても困難なのです。大人から見て「片付いている」状態が、その子にとってはかえって使いづらい、分かりにくい場合もあります。また、そもそも「片付け」が必要と思っていないこともあります。

動作がゆっくりで、最後まで仕上げるのが難しい子もいます。よく見てみると、両手を使わず片手で作業をしていたり、散らばったブロックを一つずつ運んでいたりすることに気づくと思い

ます。これは、両手で同時に別の動作をすることが苦手だったり、手先が不器用であったりすることが考えられます。

物を概念やグループで分けることが分からないために、片付けが苦手な子もいます。「文房具はこの引き出し」と言われても、キャラクターの絵がついた鉛筆だと、おもちゃか文房具か迷ってしまいます。

やりっぱなしが多いのは、興味が次々に移り、今やっていることを忘れてしまうためです。無意識に行動していることもあります。トイレの電気をつけっぱなし、扉を開けっぱなしなども、無意識に行動していたり、その次の行動へ意識が移っていたりしていることが考えられます。170ページでも解説した「ワーキングメモリ」の弱さから、一度に複数のことを思考して手順を踏んで行動することが苦手なのです。

自分の作品を壊したくないというのは誰しもあることですが、こだわりの強さのためにかんしゃく、パニックにつながってしまうことがあるためにそのままにされておくことが増えて、ますますこだわってしまうことがあります。

SST的接し方

・片付けのメリット、デメリットを伝える

片付けることで得すること、片付けないと損することを伝えます。「片付けた」と言い張る場合

は、「ここにおもちゃがあると踏んづけて壊しちゃいそう」と実際に踏んでしまうなど、具体的な困りごとに気づけるようにします。

机の上を片付けられたときには、「いつも同じところにあると、すぐに見つけられるね。時間割が5分で終わったから、お風呂入る前にゲームできるね」などと本人が「得をした」と感じられるように、具体的に伝えましょう。「きれいだと気持ちがいいね」などと、自身の価値観で伝えることは避けるほうがよいでしょう。

決まったところに道具が片付いていると便利なことを、料理を一緒に作ることで伝えるのも一つの方法です。お手伝いで鍋や調味料を取ってもらい、「すぐに取ってもらえて嬉しい」「どこにあるか場所を覚えてくれているね」と褒めるようにします。

ペアトレ的接し方

・一気に全部ではなく、少しずつから始める

片付けるためには、親や周囲からのなんらかのサポートは必須ですが、「お母さんが手伝わないと何もできないのだから」のような発言は控えます。

物がたくさん散らかってしまっている場合は、机の上だけ、本だけ、など範囲やアイテムを決めて、そこを片付けられたら良しとします。片付けている間も、「お、見えやすいところに片付け

られたね」「お母さんと競争しようか」などと褒めたり、ゲーム性をもたせたりすると、途中で飽きにくくなります。最初は手伝いつつ、最後のほうのいくつかは本人に片付けてもらい、目標達成できたら、「できたね」「きれいになったね」と褒めて、一緒に喜びます。最後をやってもらうことで、無理なく褒めることができますし、本人も達成感をもちやすくなります。片付ける前に写真を撮っておいて、片付けたあとの写真と比べてみると分かりやすいでしょう。

・作品を褒めて写真に残してから片付ける

ブロックで作った壊したくない、捨てたくない作品は、「片付けよう」と言う前に、「何を作っているの？　すごい、本物みたいだね」「このあたりもお母さん好きだなあ」などと声を掛けます。そして、作品を撮影し、日付と作品のタイトルをつけてから保存しておくと、作品を片付けてくれることが多くなります。写真に撮ったものをアルバムにすると、同じものだけでなく、新しいものにチャレンジする意欲にもつながります。

・分かりやすいルールを決める

例えば、床に物を散らかしたままにしない、食卓には物を置きっぱなしにしないなどの家庭のルールを決めます。また、できるだけ片付けの分類を大まかにして、場所もシンプルにします。箱に「ブロック」「人形」「カード」とラベルを貼ったり（文字が苦手な子には写真やイラストを貼る）、文房具は必要最低限の量にしたりして手間を省く工夫もしてみましょう。玄関で靴をそろえる、ランドセルを決まった場所に置くなど、毎日の習慣がなかなか身につかない場合は、図表32のように、決められた場所にイラストを貼り「靴は自分のおうちに戻れたかな？」などの声掛けで知らせてあげてください。決まった場所に置いてあったら、「靴も自分のおうちに帰れてよかったねー」などと分かりやすく褒めてあげましょう。

図表32　くつおきマーク

感覚統合的接し方

物を片付けるためには、①遊びの途中で次の遊びを始めず遊びをいったん終わること、②立ち止まって空間を広く見ること、③身体の動きを器用にすること、④手順を考えることなどが必要となります。

・遊びの終わりを意識させる

遊んでいる途中で違う遊びに目がいき、次々に遊びを始めてしまう場合には、片付けができなくなります。次の遊びにいく前に「（この遊び）面白かった？」と今やっている遊びを振り返らせて、「じゃあ終わりにしようか」と言いながら片付けてから次の遊びを始めさせるようにしましょう。常に、遊びの終わりをしっかりと意識させることが大切です。

・空間を広く見る遊び

家の中で「宝探しゲーム」をします。宝を部屋のどこかに隠し、探し当てたら入れ物に集めていきます。片付けのときにも、「○○はどこにあるかな」と探させて、「バケツに入れたいけれど、バケツはどこにあるかな」と空間のあちこちを見て探させるようにしてください。

・自分の身体を器用に使う遊び

213ページ「不器用」をご覧ください。

・片付ける手順を具体的に伝える

「片付けて」という指示は、何をどうしたらいいのかまったく伝えていません。手順を考えることが苦手な場合には特に、何を、どのくらい、どこに片付ければいいのか、どこまで片付ければいいのか、具体的に伝えるとよいです。例えば「ブロックを20個バケツの中に入れてね」「お母さんが○○を片付けるから、あなたは××をカバンに入れたらいいよ」といった具合です。

授業の邪魔をしてしまう

よくあるトラブル・困りごと

- じっと座っていられない
- 勝手にしゃべりだす
- 教室から出てしまう
- 休み時間が終わっても席につかない
- 周囲の子にちょっかいを出す

●どうしてなの？

「集中力が弱い・続かない」の項（164ページ参照）でも説明したように、覚醒が低く、じっとしているとぼーっとしてしまう子は、椅子をガタガタさせる、貧乏ゆすり、手遊びなどをして身体に感覚刺激を入れて脳を目覚めさせようとします。体幹が弱くて姿勢を保てずに、片足を椅子の上に上げたり、姿勢が崩れたりすることもよくあります。

授業中に勝手に話し始める、先生の話に反応してちゃちゃを入れる、周囲の子に話し掛けてしまうなど、授業妨害ともとれるような言動には、自分に注目を引きたい、課題が難しいあるいはつまらない、退屈であるなど、いくつかの本人なりの理由があると考えられます。さらに、教室を飛び出してしまう場合は、外で気になる音がした、楽しそうに体育をしているのが見えたなどの刺激によって、衝動的に行動してしまっている可能性があります。これらの行動の背景には、衝動を抑えられない、場に応じた行動が分からないなどの脳機能の問題が背景にあることもあります。小学校高学年など年齢が上がってくると、脳の特性だけではなく、心理的な問題、例えば周囲との関係が悪くなっていて教室にいづらくなっている、休み時間にあった嫌な出来事を我慢していたが何かのきっかけで抑えられなくなったなどが関与していることもあります。

授業開始になっても席につけない子は、休み時間が終わったことに気づいていない可能性があります。周りの様子から状況を読み取る力が弱いため、チャイムを聞き逃すと、授業が始まっていることに気づけないことがあるのです。

このように衝動的な行動は、結果的に授業進行に支障をきたしたり、周囲に迷惑を掛ける行動となってしまったりすることが少なくないのですが、「衝動性」と「攻撃性」は分けて考えるべきです。

脳の衝動性とは、見えたり聞こえたりした刺激に即時に反応してしまう特性ですが、必ずしも悪いことばかりではありません。例えば、道路で前を歩いていた大人がハンカチを落としたときに、すぐに駆け寄って渡してあげる、という親切な行動も一つの衝動性です。しかし、普段から落ちつきのない子が、テスト中に離れた席の子が鉛筆を落としたときに、何も言わずに駆け寄ってしまうと、先生から「テスト中に立ち歩いたらいけません」と叱られてしまうでしょう。せっかくの行動力なのに、「以前テスト中にいきなり立ち歩いたら叱られた」という過去の経験が活かされずに、現在の状況を判断したうえで行動する、ということができないのです。

それに対して、攻撃的、暴力的であるというのは、本人の脳の特性だけでなく、周囲の環境の影響を受けたために、「暴れたほうが思いどおりになる」と誤学習してしまっていること、人に対する信頼感がもてていないことなどが影響していることが多いです。

SST的接し方

・禁止ではなく、目標行動の視点で適切な行動としていく

教室から出てしまうという行動への対処法については、周囲の子どもたちへの影響もありますし、なによりも本人の危険に直結する行動ですので、本人および保護者からの希望を伝えつつ、担任を含めた学校側の判断に沿いながら相談していってください。その際は本人の特性を踏まえて、「今できそうなこと」から目標行動を設定して、徐々にステップアップしていくようにします。例えば、第1段階として、「勝手に出て行かず、サインを担任に送って、許可を得てから出て行く。出て行

く場所は事前に決めておいたところのみ可」とします。それができるようになれば、第２段階として「15分以内に戻って来る」、そして、戻るまでの時間を少しずつ短くしていきます。次段階は「授業の見える廊下か教室の後ろの隅に行く」など、徐々に教室で授業を受けられるようになることを最終目標とします。もちろん、一つひとつのステップができるたびに褒めます。ここで注意すべきは、ほかの子どもたちへの影響です。「あいつが出て行って褒められるんだったら、自分もいいだろう」と出て行ってしまわないように、担任が「さぼりではない」「本人と先生とで約束したことを頑張っている。だから褒めている」とほかの子どもでも頑張っていることに目を向けて褒めるようにしていくことです。また、周囲の子どもに迷惑になる行動を具体的に挙げたうえで、「クラスの子に迷惑を掛けない！」という約束をしておきましょう。なお、教室の外に出るわけですから、校長先生をはじめ、ほかの先生にも約束事を伝えておいて、適宜協力してもらうことも必要です。

・質問やお願いするスキルの練習をする

授業中に急にしゃべりだす子どものタイプは、２通りあります。いわゆる「受け」を狙っている衝動的な子どもなのか、場面が分からずに興味のあることを話す子どもなのかをまず考えてみます。前者がＡＤＨＤ特性、後者がＡＳＤ特性をもっていることが多いのですが、明確に分けられることではなく、診断目線で子どもを見ることは危険（先入観から誤った対応をしてしまう）ですので、本人のつまずきの背景に合わせて、「ルールを決める」「適切なスキルの練習をする」という接し方が大切です。

ルールについては、先ほどの「教室から飛び出す」のように危険行為に対する個別ルールではなく、クラス共通のルールとすると分かりやすく、教室に掲示したりすることでリマインダーにもなります。例えば、「相手の話が終わるのを待ってから、質問する」「手を挙げて、当てられてから話す」などです。声の大きさの練習（138ページ図表26「スキルは具体的に示す」参照）などをしてみるのもよいでしょう。練習したスキルをうまく使えたときには、直後でなくてもよいので、褒めてあげましょう。

ペアトレ的接し方

・我慢できたこと、頑張ったことを褒める

学校の先生に「今日の頑張った様子」を連絡帳に書いてもらい、それを見ながら「今日できたこと」を褒めます。158ページ図表31「学校との連携のための連絡シート（例）」のようにして、「目標行動」として、学校での約束事を記録していくとよいでしょう。

・逸脱行動の背景を考えてみる

体調が悪い、寝不足である、不安・心配ごとがあるなどが、授業中の落ちつきのなさや突発的な行動の背景に見られることがあります。疲れている、雨が続いて身体を動かせていない、苦手な授業が続くなどもあります。分かる範囲内でよいので、1日の間でも午前と午後で差があったか、1週間の間で差があったかなどの変動を押さえることで、行動ムラの要因が見えてくることがあります。例えば、土日で寝る時間が遅くなって月曜日は調子が悪い、週の半ばになると疲れが溜まってきて怒りっぽくなるなどです。このような体調管理は、家庭だからこそ行えることです。

感覚統合的接し方

・感覚欲求を満たす

「暴言や暴力が見られる（109ページ参照）」「集中力が弱い・続かない（164ページ参照）」で解説したように、授業の前にウォーミングアップを行ったり、感覚グッズを使用したりして感覚欲求を満たしていくとよいでしょう。問題行動の原因に承認欲求がある場合、お手伝いとして重い物を運んでもらったりすることで、感覚欲求と同時に承認欲求も満たすことができます。視覚・聴覚刺激を減らす、呼吸を整える、いったん立ち止まる遊びを行う（120ページ参照）などもよいでしょう。

危険な行動をする

よくあるトラブル・困りごと

- いきなり飛び出す
- 危険なことをやりたがる
- 激しい遊びで自分が怪我をしたり、友達に怪我をさせてしまったりする
- いたずらの度が過ぎる
- 同じ失敗を繰り返す、反省していないように見える

●どうしてなの？

発達障害のある子どもは、以前にも同じような危険な目に遭っているにもかかわらず、同じ失敗を繰り返してしまいがちです。目の前に見える刺激に対して、過去の失敗体験を活かして、今の状況を判断して、行動の先の結果を予測すること、すなわち「過去—現在—未来」をつなげることが苦手だからです。「判断」せずに「反応」するかのように衝動的に行動してしまうのです。

子どもによっては、場面や相手の気持ちを察することが苦手であったり、不注意からの見落とし

があったりすることも関係します。

感覚欲求の強い子は、遊園地のジェットコースターのようにスリルのある乗り物や遊びが大好きです。日常では、木登りなど高いところに登ったり、不安定な場所で揺れたりするのを好むこともあります。危険度の高いいたずらをするのも、感覚欲求を求めてのことがあります。

悪気がないのに、友達を怪我させてしまうような場合には、力加減の苦手さや危険察知の弱さが背景にあることがあります。例えば、軽く触れたつもりがかなり強い力で友達を叩いてしまった、階段で友達を押してしまったなどです。感覚過敏のために、友達に軽く肩を叩かれただけなのに、強く叩き返してしまったということもあります。

また、いつもと少し違う状況になると、臨機応変に対応できないこともよく見られます。例えば、横断歩道で車が止まってくれても「車がいたら渡ってはいけない」と教わっているからと、断固として渡らないために余計に危険な行動となってしまうことがあります。

SST的接し方

・出かける前には交通ルールを確認する

横断歩道や交差点では指差しなどで一緒に安全確認をして、できたら褒めます。電車好きな子であれば、駅のホームでの車掌さんの安全確認を参考にするのもよいと思います。交通ルールなど、大切な約束は箇条書きにしておいて、出かける前に確認するようにしましょう。通学路やよく遊ぶ公園などでは、危険箇所を押さえておいて、「ここは渡らない・飛び出さない」などのルールを決めておくのも有効です。

・遊びなどの活動で危険回避の行動を練習する

集団活動のなかで見られる危険な行動に対して、「それはダメだよ」「こうすればいいよ」という一方的な伝え方で行動変容を図ることは困難です。普段の生活に近い場面、遊びの場面などで練習してみます。例えば、SSTでは2~3人1組で勝ち負けのあるサーキットレースや風船バレーなどを行います。その場合、代替行動として「嫌な気持ちを言葉で伝える」「『怒りのコントロール』を練習する」（112ページ参照）を事前に確認して、遊びでの目標行動とします。イライラしてゲームを続けられないときには、審判（スタッフ）に伝えてその場を離れて、部屋の端っこでクールダウンするというルールも取り入れるようにします。そして、うまくいかない、負けてしまったなどのときに、これらの代替行動が少しでも使えていたら、思いっきり褒めてあげましょう。

このような遊びは、家庭でも行えます。その際に大切なことは、カードゲーム、ボードゲームなど勝ち負けのはっきりする遊びをすること。大人も真剣に遊びを楽しむことです。もちろん、目標行動を決めておいて、できていることを頻回に褒めてあげてください。併せて、大人側が適切なスキル（あったか言葉など114ページ参照）を示すようにしましょう。

ペアトレ的接し方

・危険行動の結果を伝える

子どもが怪我をしたり、病気したりすると、親はとても悲しいことや不安になることを伝えます。危険な行動へは迅速な対処が必要なのはいうまでもありませんが、叱責し続けるのではなく、お互いに落ちついてから、「なぜ危険な行為になってしまったのか」という背景を振り返ります。また、「もう少しで車にぶつかるところだったね。もし、ぶつかっていたらどうなった？ 怪我をしたら痛いし、お母さんはとても悲しい」と自身の気持ちを率直に伝えます。そのあとで、どうすればよかったかを一緒に考えましょう。基本は、親が危険な状況にならないように、事前に工夫することが大切です。例えば、ショッピングセンターの駐車場で降りてすぐ走りだすような子どもには、車を降りる前に必ず約束ごとを確認し合います。そして、危険回避につながる適切な行動が取れたら褒めます。

感覚統合的接し方

・周りをじっくり見て行動する遊び

一部だけを見て周りを見ずに行動することが危険な行為につながることがあります。状況を把握する遊びを行う（128ページ参照）、周りの状況を見ながら身体を動かす（139ページ参照）、空間を広く見る遊び（183ページ参照）を参考にしてください。

・感覚欲求を満たしたあとに力加減する遊びを行う（118ページ参照）

危険行動をする子どもは、強い感覚刺激を求めていて、それが不適応な行動につながっているケースがあります。重たい物を運んでもらう、ラグビー、相撲など感覚刺激が豊富なスポーツをさせるのもよいでしょう。たくさん刺激を体験したあとに、力加減をするような活動を行います。スローモーションでゆっくり歩いたり、ジェンガなどの遊びを取り入れたりしてもよいでしょう。

実行機能が弱い

宿題・レポートができない

よくあるトラブル・困りごと

- 宿題があることを分かっていない
- 計画や目標が立てられない
- 計画を立てても実行に移せない
- 同じ間違いを繰り返す

●どうしてなの？

宿題や課題の存在をそもそも理解していない場合は、先生の話を聞いているようで聞いていない可能性があります。聞いたけれど忘れてしまうのは、ワーキングメモリの問題で複数の指示内容を覚えられない、分かっているのにやらない場合には、「やらなくても叱られない」「やらなくても自分には損はない」と思い込んでいる可能性があります。今まで、やらずに済んできた「誤学習」が一因になっていることも考えられるでしょう。

宿題があることを分かっていて、「やらなければいけない」ことも理解しているのに、期日までに完成できない場合は、「実行機能」の弱さが考えられます。実行機能とは課題を遂行するための能力のことで、その弱さがADHDの症状形成の一つと説明しました（43ページ参照）。優先させる行動を正しく選択する、課題の内容、方法、期日などを記憶する、うまくいかなかったときにほかの方法を選択するといった力をもっていないと、計画の遂行は難しくなってしまいます。計画遂行以前の「計画を立てる」こと自体が、「自分はこれをするのにこれだけ時間がかかる」という感覚が弱いために苦手なことも多いです。

また、1週間後、1カ月後といった締め切りが先の課題の場合には、前述した計画作成や遂行の弱さに加えて、モチベーションが保てないことも影響して、ますます先延ばししてしまう傾向があります。このあたりも、「さぼり」ではなく、「長期報酬が効きにくい」という脳の特性が関係していることがあります。

SST的接し方

・進行の順番を視覚化する

課題が出たときに、どういう手順で進めていくかを文字や絵で視覚化します。夏休みの宿題のように長期的な計画が必要なものは、途中で計画が崩れた場合にも「やり直しのプランを立てて実行する」ことを約束しましょう。少し先に提出期限のある課題は、付箋をカレンダーに貼り、実行できたら剥がすようにします。

子どもの年齢や発達特性に合わせて、スマートフォンのリマインダー機能を活用することもできます。

・毎日の宿題、翌日の準備などは「トークン表」を活用する

ホワイトボード（図表33）に「これからやること」と「できたこと」のスペースを作り、やるべき項目を書いたマグネットを置き、宿題や準備ができたら「できたこと」にマグネットを移動させます。完了したら、マグネットの数を「ポイント」にしましょう。これは短期報酬です。1週間など週単位で続けて、○ポイント以上になったら「ご褒美」、これが長期報酬になります。ご褒美は本人から見て魅力的な物がいいですが、ゲームソフトやお金など高価な物は避けたほうがよいでしょう。このようなトークン表を作ることで、日々褒められる、達成感をもてるということも立派な報酬となり、本人の行動意欲をかきたてることができるようになります。「ポイ

図表33　ホワイトボード

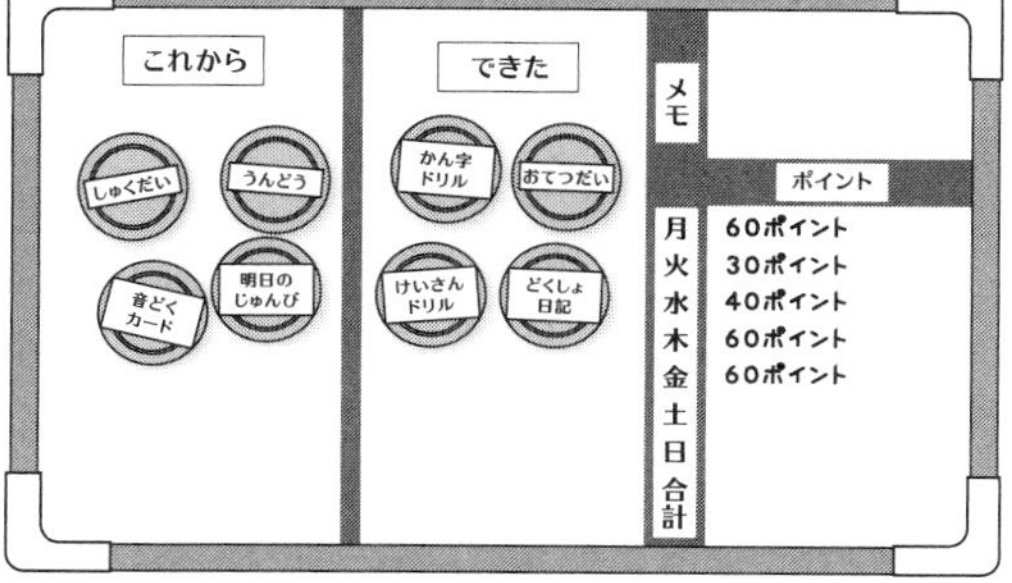

ントを貯める→ご褒美」という流れをつくることで、長期の報酬に向けて努力するトレーニングにもなります。

ペアトレ的接し方

・時間の感覚を伝える

子どもが宿題を始める前に「今、4時だね」と一緒に時計を見ながら、時間を声に出して伝えます。宿題が終わったら「〇分でできたね」と褒めます。途中で集中が切れてしまう場合は、数問解いたところで「3問を〇分でできた、早いね」と、スモールステップで褒めていくとともに、時間の感覚をもてるようにしていきましょう。この「時間の感覚」とは子どもだけでなく、親ももつことが大切です。「この子はこの作業や準備をするのに〇分かかる」とゆとりをもって、無理なく計画立てのサポートをしたり、少しできたことも褒めたりしやすくなるからです。

・好きなことと関連づけてシンプルなルールをつくる

「宿題してからゲーム」「おやつを食べたら宿題」など、家庭でルールを決めておくようにしましょう。シンプルなルールにすると時間に追われることが楽になりますし、約束ごととして徹底しやすくなります。達成感をもちやすくするために、カレンダーで約束を守れた日にシールを貼っていくのもお勧めです。その際、「できたかどうか」のジャッジについては、母親と父親で変わる、日によって変わるということのないように一貫していきましょう。本人にも、「自分ではどう思う?」と聞いてから、ジャッジしていくことも大切です。

感覚統合的接し方

・実行機能を育む遊びを行う

自分の身体を使って計画を立てて実行していくような遊びを行います。

・ジャングルジムなどで触ってはいけないものを設置し避けながら進む：どうやって触らないで行くかを考えるなど、慣れない設定、毎回やり方が変わるような設定にした遊びを行うと実行機能は伸びていきます。

・川渡り：座布団を2枚用意し、座布団の上から落ちないように移動する遊びです。Aの座布団に乗り、Bの座布団を前に投げ、Bの座布団に移り、Aの座布団を拾ってBの座布団の前にAの座布団を置きます。これを繰り返して移動し、川を渡ります。2、3人で一緒に行うとより手順を考える必要が出てきます。スタート前に、何回繰り返すと川を渡れるのか考えさせたりすることで、より先のことを計画して考えることができるようになります。

・日常のなかで、いったん立ち止まり、大人が「これからどうなるかな」と子どもに問い掛けながら予測させる習慣がもてるとよいと思います。じっくり見られるようになると、じっくり考えられるようになるので、視点を切り替える遊びを行う（128ページ参照）、周りの状況を見ながら身体を動かす（139ページ参照）、空間を広く見る遊び（183ページ参照）も参考にしてください。

ルールが守れない

よくあるトラブル・困りごと

- ゲームを長時間する
- 時間の約束が守れない
- 遅刻が多い
- 順番に並べない、横入りをする
- 先生の指示に従えない

●どうしてなの？

「ＡＤＨＤの原因」の項（43ページ参照）でも説明しましたが、発達障害のある子どもはドーパミンという神経伝達物質の伝達に問題を抱えている場合があります。脳内でのドーパミン量が増えると、私たちは時間の進み方を早く感じます。逆に、ドーパミン量が少ないと、時間がゆっくり過ぎる感覚をもちます。そのため、ドーパミンの分泌量の少ない子は、「時間はまだある」「のんびりやっても間に合う」「やりきれる」と思い込んでしまっている可能性があります。

先の予測に基づいて行動や思考を切り替えることが苦手という点も、約束どおりにできない原因となります。「あと〇分しか時間がないから、早歩きで行こう」というように、目的に向けた行動のコントロールが難しいのです。

約束を守れない背景として、約束したことが本人に伝わっていない、約束したことを忘れてしまうなどが目立つ子の場合は、聞く力の弱さやムラ、聞いたことをすぐ忘れてしまうなどの特性が見られることがあります。

また、「順番に並べない」などルールを守れないケースでは、そもそもルールを分かっていない場合があります。言葉でルールを説明されても、聞けていない、聞いていても理解できていない可能性があるのです。さらに、不注意や衝動性、あるいは場面認知の弱さのために、周囲の状況が見えておらず、自分の思いだけで突き進んでしまうこともあります。例えば、列に横入りするような場面では、自分の「したいこと」に集中しているだけで、悪いことをしている意識はないことがあります。本人が「友達がいたからその後ろに並んだ」「その場所にいればよいと思った」と言っても、周囲には「言い訳だ」「反省していない」と思われてしまいます。

また、過去にルールを破って許された経験があると、「このやり方でいいんだ」と思い込んでしまうこともあります。一度思い込むと、簡単にはそのやり方を崩せないため、ルール破りが続いてしまいます。

SST的接し方

・日常で社会の基本ルールを教える

社会生活を送るうえで、「順番を守る、分け合う、言葉で伝える」は幼稚園から必要になってくる基本スキルです。これらのスキルが身についていくように、家族も常に意識するようにしましょう。例えば、「順番破りはダメ」という否定的な言い方だけでは、場面に応じた行動が苦手な子にとっては、「どうすればいいか」が分かりません。ほかの人の並び方を見てお手本にする、どの人の後ろに並ぶかを明確に伝える、並ぶためのガイドが床に書いてあれば活用するなどして、「線に沿って並ぼう」など視覚情報も含めた具体的な指示を出すようにしましょう。

・タイマーを利用する

ゲームを長時間してしまうなどの「終わり」の時間を守れない場合は、残り時間が見える「タイムタイマー（図表34）」の使用がお勧めです。最近は、スマートフォンのアプリにもあるので、視覚的に残り時間が分かるような工夫をしてみましょう。

図表34
タイムタイマー

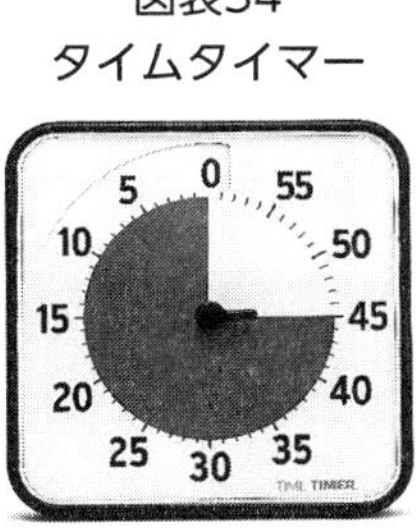

・「どこで何をするのか」を分かりやすく示す

1日のルーティンが時間どおりにいかない子の場合は、1枚の紙に「朝やること」をイラストで表示してリビングに貼ります。そのうえで、洗面所にも「朝　歯を磨く↓顔を洗う↓手と顔をタオルで拭く」というように、その場所でやることを書いて貼っておきます。「早く洗面所に行きなさい」と指示をしても、ただ洗面所に行って「行ってきた」と言う子もいます。その場所で何をするのかが明確に分かるようにしておきましょう。

・約束を忘れない工夫を身につける

家庭では、親が一方的に伝えて、本人が空返事だけして聞けていないことがあります。小さな約束ごとでも書いて示す、本人に復唱させるなどを習慣づけましょう。また、友達と約束したことを忘れてしまったり、時間や場所を間違ってしまったりして遊べなくなることがあります。この場合も、「3時に4丁目の公園だね」などと約束を復唱する習慣をつけるように練習していきましょう。

・絵カードなどで気づきを促す

実際の生活場面では目まぐるしく状況が動いていきますので、振り返りで気づきを促すことが困難なことが少なくありません。そのような場合は、絵カードで本人の気づきを促します。例えば、図表４（66ページ参照）のように、男の子（Ａくん）が横入りしてクラスメイトを押し倒して怪我をさせてしまうエピソードがあったとします。そこで、Ａくんに注目させたうえで、「何が起こっているかな？」と聞いてみます。Ａくんがクラスメイトを押しのけてしまったこと、押された子が怪我をしたかもしれないこと、周囲のクラスメイトが怒っていること、さらにＡくんはわざとしたのか、わざとではないのかなど、本人の気づきを確認していきます。「Ａくんはプリントを先生に早く提出したかっただけ。わざと押し倒したのではないから悪くない」という気づきが得られた場合は、Ａくんの気持ちを考えられたことを褒めるようにしつつも、「わざとでなくても、友達に怪我をさせたり、周りの子に迷惑を掛けたらいけない」という社会のルールを教えたりするようにします。そのうえで、「いきなり走りださずに一瞬立ち止まって周りを見る」「怪我させた子に謝る」「順番を守る」などのスキルを練習していきます。もし、絵カードでも気づきが難しい場合は、学校側の協力で不適切な行動が起こりにくくする環境調整が不可欠です。具体的には、「並ぶところにマークをつける」「周りの子は本人を責めるのではなく、『○○くんの後ろに並ぶんだよ』など、どうすればよいかを声掛けをする」などが考えられます。

ペアトレ的接し方

・ゲームはやめるときの約束を決める

「ゲームは○分まで」と約束しても、「あと少し」「きりが悪い」などの言い訳をすることがあります。そんなときには、さっとゲームをやめられたときの状況を思い返してみてください。例えば父親が帰宅した、好きなテレビが始まったなど、一度や二度は「終わりにしましょう」という指示がなくてもやめられたことがあるはずです。それを、ゲーム終了のタイミングに設定して約束とします。そのうえで、約束の時間の5分前くらいに声掛けをし、約束の時間となったら「はい、終わり」と指示を出して、多少ぶつぶつ言ってもやめられたら、すかさず褒めましょう。ここでも、25％ルールが大切です。本人がやめやすい状況をつくり、褒める回数が増えていくと「ゲームをやめる→褒められる→気持ちよく次の活動に移れる」の好循環が成り立っていきます。

・ルールを作ったら徹底する

決めたルールや約束を、親の都合で崩さないようにすることも大切です。親のほうでも、つい大目に見たくなることがあると思います。しかし一度でも許された経験があると、それにこだわり続けてしまう子もいるので注意しましょう。母親と父親とで対応がブレないようにすることも大切です。

感覚統合的接し方

・実行機能の弱さが原因の場合（199ページ「実行機能を育む遊びを行う」）

・状況の把握が難しい場合

ルールが説明されたときに、言葉から状況をイメージできないためルールを理解できないことがあります。子どもが活動に参加しているときに「線から出ないで△くんを追いかけてたね」と状況を言葉で説明することで、状況と言葉を結び付けていくことが、ルールや指示の理解につながります。

ドッジボールのときにボールを見ていたら床の線が見られずに線から出てしまったなど、ルールは分かっているのに、複数のことに意識が向けられないためルールが守れないこともあります。周りをよく見られるようになり、言葉から状況がイメージできるようになるとルールが守れるようになることもあります。周りをよく見て状況把握を行う活動には次の4つの段階があり、①→

④に従って難易度が増していきますので、活動の難易度を調節する必要があります。

①自分が止まって周りも止まっている遊び：カルタや教室の中から何かを探す遊び
②自分が動いて周りが止まっている遊び：みんなに物を配っていく活動、椅子取りゲーム
③自分が止まって相手が動いている活動：鬼ごっこや球技の見学、キャッチボール
④自分も相手も動いている活動：鬼ごっこ、球技

ルールが守れないときには、いきなり参加させず、図に描いたり写真に撮ってそれをじっくり見ながらルールを説明したり（①②の段階）、見学、審判をやらせながらルール説明する（③の段階）ことから始めるといいと思います。

姿勢が悪い

よくあるトラブル・困りごと

- 頬杖をついたり寝転んだりする
- きちんと座れない
- だらしなく見える
- 「やる気がない」と言われる

●どうしてなの？

重力に逆らって身体が崩れないようにする、抗重力筋の働きが弱い場合があります。重力に逆らった伸びた姿勢である抗重力伸展姿勢が保てない場合と、曲げた姿勢である抗重力屈曲姿勢が保てない場合があります。バランス感覚が悪く、姿勢が保てないケースもあります。

椅子にじっと座っていると、感覚刺激が入りにくくなるため、覚醒レベルが下がりがちになります。特に、感覚欲求が強い子どもは、椅子に長く座っていると、覚醒レベルが下がり、その結果、だらっとした座り方になりやすいです。そのようなときに姿勢を保とうとすると、そちらに気持ちがいってしまい、肝心な作業（教室で先生の話を聞く、家庭で宿題をするなど）に集中できなくなることがあります。例えば、自宅で寝転がって宿題をしている子がいたら、そのほうが姿勢を気にせずに集中しやすかったりします。

SST的接し方

・まっすぐに座る練習をする

家族で話をするときにも、相手のほうを見る、すなわち、おへそを向けて話す練習をしましょう。肩の高さが左右同じか、身体がねじれていないかを見て、まっすぐ立ったり、座ったりできるようにサポートします。ただし、「こうしなさい」とは言わず、軽く身体を触ってその都度、正しい姿勢に戻してあげるだけで十分です。正しい姿勢ができているときには、さらりと褒めます。

ペアトレ的接し方

・できたことを褒める、焦らない

食事の際に背筋を伸ばし、正面を向いて食べていることに気づいたら、即座に褒めます。子どもの年齢などに合わせて、「シャキーン！としてかっこいい」など分かりやすく褒めるのが効果的です。ただ、急に姿勢保持ができるようになることはありません。親側に子どもの成長を待つという姿勢が必要です。むしろ、姿勢が崩れやすい状況での目標行動を本人と相談して決めて、それができれば褒めるようにしていきましょう。

例えば、食事中に姿勢が崩れやすい、左手を使わないという場合は、「左手でお茶碗を持って食べる」という目標行動を立てます。左手がだらりとしていたら、クドクド叱らずに、「左手！」と声掛けして、できたら〇Ｋサインを送るなどして、さらりと、テンポよく褒めましょう。

また、食事中や勉強中は、今の椅子が本人にフィットしているかもチェックしてみましょう。食卓の高さは同じで大人も子どもも座るのですから、椅子の高さを変えたり、クッションを活用したり、足を置ける台を置いたりするなどの工夫で、姿勢補助ができるようになります。本人の成長に合わせた椅子、本人の発達特性に応じた椅子を選んであげましょう。

長期的な視点で、姿勢保持できるようにしていくためには、例えばテレビを観るときにバランスボールに座らせてみましょう。背筋をまっすぐにして座る練習となります。嫌がらなければ、ボールをバウンドさせながら観るように促してもよいでしょう。

感覚統合的接し方

・抗重力伸展、抗重力屈曲の筋肉を育てる

木登りでのしがみつきやボルダリングなど、強い力は必要とするけれど、動きが止まっていたりゆっくりであったりする活動を行うと姿勢を保持するための筋肉である抗重力筋が育ちます。おんぶや抱っこ、鉄棒に手と足でぶらさがる、雑巾がけ、手押し相撲、綱引き、ほふく前進、スポーツではスイミングや相撲、ラグビー、柔道などがいいと思います。

・バランスの練習をする

バランスを取ることが上手になると、じっと座ったり立ったりすることができるようになります。トランポリンを跳ぶ、ブランコや滑り台で姿勢を保つ、バランスボールに座るなどがよいと思います。

・その子の身体に合った椅子やテーブルを選ぶ

姿勢を保つことが難しい場合、その子どもに合った、姿勢を保ちやすい椅子を提供することが大切です。一般的には足の裏全体が床につき、お尻が前に滑らないように座面に滑り止めなどがあり、背もたれに背筋を伸ばしてもたれられるような椅子がよいといわれています。座面や背もたれに適度なサポートがある姿勢が保ちやすくなるクッション（図表35）も市販されています。

・揺れる椅子で覚醒レベルを上げる

感覚欲求が強い子どもにとって、じっと椅子に座っている状態は、感覚が奪われた状態になり耐え難いものになります。ウォーミングアップや触るグッズを提供する方法以外にもさまざまな方法があります。足に刺激が欲しい場合には、足の甲や膝の上に、重りの入ったリストバンドを乗せたり、床に人工芝を敷いておいたり、椅子の前脚にゴム紐を付け足を引っ掛けられるようにする方法もあります。一脚椅子やセラピーボールに座るなど、不安定な椅子で少し動けるようにすることで集中力が増す子どももいます。座るのではなく、立って作業をするほうが足全体に刺激が入り集中が増す子どもも多いのです。

図表35　p!nto kids

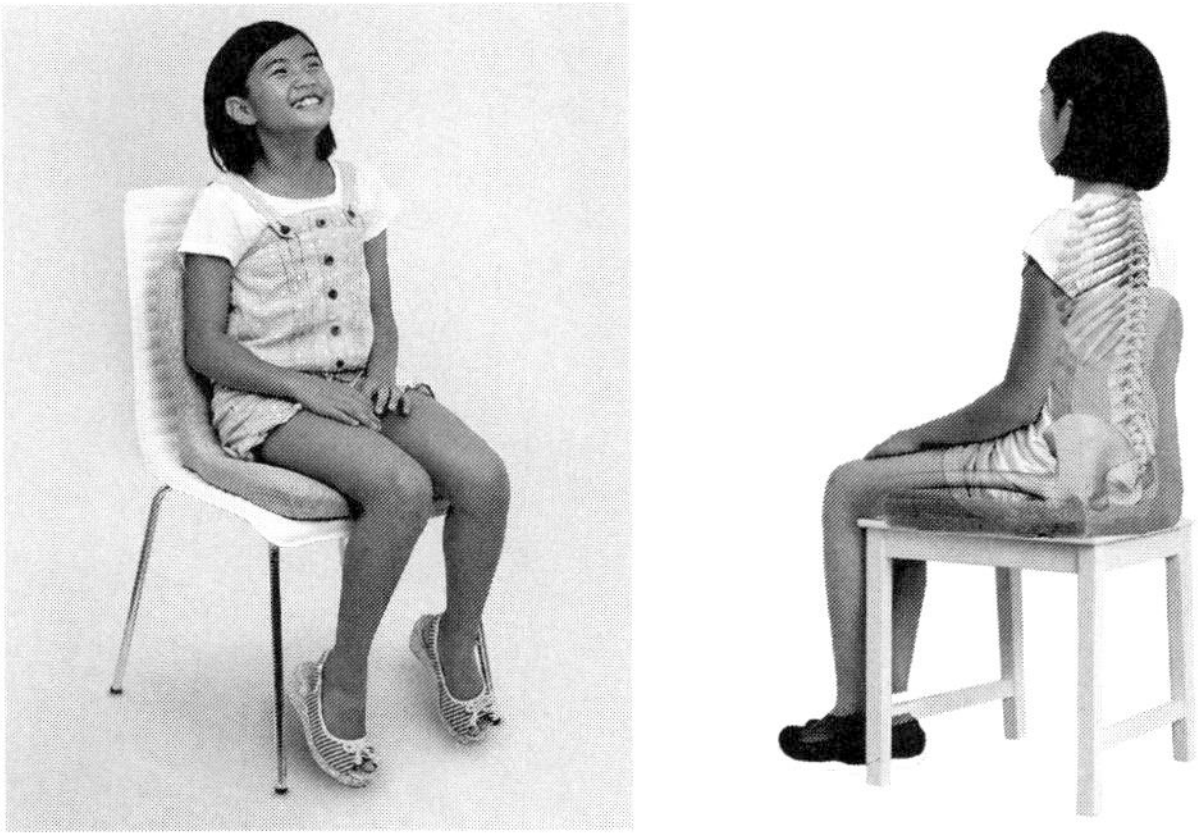

不器用

よくあるトラブル・困りごと

- 字が汚くて読めない
- 箸が使えない、手で食べる
- お遊戯や運動をほかの子と同じようにできない
- 怪我をしやすい、ぶつかりやすい

●どうしてなの？

抗重力伸展姿勢、抗重力屈曲姿勢、身体のバランスなどが難しいと身体の土台が安定せず、不器用になります。大人であれば、揺れる椅子に座りながら字を書いているようなものです。また、身体の輪郭をつくる触覚、身体の内部のイメージをつくる固有感覚が感じにくいと身体のイメージがあいまいとなり、不器用となります。

身体の左と右、手と足、体幹と手先など身体の複数の部分を一緒に動かすことが難しかったり、見たところに的確に手をもっていく『目と手の協調』が難しい場合だけでなく、相手の表情や身体の動きを真似する『模倣』やリズムに合わせて身体を動かしたり、周りを見ながら身体を動かすことが難しい場合に、ダンスができない、人や物にぶつかるなど身体の動きがぎこちなくなったり、手先が不器用になったりします。また、不注意のまま行動するために、自分が怪我したり、相手にぶつかったりしても気づかないこともよくあります。

手先を器用に使うためには、手首が手の甲側に曲がっていて安定していること、つまみ動作が親指と人差し指で上手に行えることが必要です。さらに、お箸や鉛筆を上手に使うには、親指、人差し指、中指の3本をセットにし、薬指、小指の2本セットと上手に使い分けられることなども必要になります。

SST的接し方

・書く負担を減らしつつ、達成感をもたせる

書くのが苦手な子には、「教えのプロ」である学校の先生とも相談しながら、たくさん書かないで済むような工夫をします。漢字練習や文章を書き写す作業は、ほかの子よりも量を減らしてもらう配慮を学校にはお願いしましょう。指先に力が入りにくい場合は、鉛筆に柔らかいグッズを付けて握りやすくする、濃い芯の鉛筆を使うなど、鉛筆に工夫をします。きれいにノートに書けない子には、マスや行間の広いノートを選んだり、ノートに補助線を引いて書きやすいように家庭でサポートしたりするのもよいでしょう。

このような配慮を行うときに最も大切なことは、「本人と相談して決める」ということです。「書けないからこうしよう」と一方的に伝えてしまうと、「自分はみんなと同じようにできない……」と自信を失ってしまいます。「このように工夫してみると、覚えやすいと思うよ」「このノート使ったほうが漢字を書きやすいかな」など提案しながら決めていくことで、本人なりに「できた！」という達成感をもちやすくなっていきます。

ペアトレ的接し方

・苦手な方法以外の可能性を示す

書くこと自体がつらい子には、無理に書かせず、口頭でも正答できたら褒めるようにします。タブレットパソコンで読み書きをトレーニングできるアプリも多数出てきていますので、それらを利用してみるのもお勧めです。「家では書かなくていいけど、学校では書いてばかりで授業が嫌」というようにならないためにも、このようなアプリを使って自宅学習をしていること、それを使うことでどのように学習効率が上がるかなどを学校の先生に伝えておくようにしましょう。個別塾や放課後デイサービスなどでこのような学習支援をしてくれるところがあれば、家庭と共通の教材を使うのもよいでしょう。

箸を使うなどの細かい動きが苦手な場合は、いきなり完璧を求めずに、スモールステップで進めていくようにしましょう。声掛けだけではできないときは、お手本を見せる。それでもできないときは、少し手助けをしたり、サポートグッズを用いたりするようにしましょう。毎日行う動作ですので、繰り返すことで徐々にできるようになっていきます。「食事は残さずに食べる」「後片付けする（こぼした部分も拭く）」などの目標行動をもつことで、褒めるチャンスが広がります。

不器用さのために、授業が嫌、食事が嫌、とならないよう、本人にとって苦痛にならず、時間がかかっても身につく時間としていきましょう。

感覚統合的接し方

・まずは自分の身体のイメージを高める活動

２０８ページ「姿勢が悪い」を参照してください。

・手首を安定させる

手のひらを床についたり、ぶら下がったり、棒を手に持って振ったりすることで手首が安定します。手首が安定することで、指先が器用に使えるようになります。手押し車、雑巾がけ、鉄棒にぶら下がる、剣道や野球のように棒を振る、などの活動がよいと思います。

・手先を使う遊びを取り入れる

粘土遊び、ホットケーキ作りなど手先で触覚刺激を豊富に経験できる活動を行い、手先の感覚が良くなることで手先が器用になります。つまみ動作や回す動作がうまくなると器用になってきますので、シール貼り、カードゲーム、ねじ回しなどを行ってみてはいかがでしょうか(注13)。

・左右の手を上手に使う活動

まず、①左右の手を同時に使う活動から始めます。ぶら下がり、両手で押す、持つなどがこれに当たります。次に②左右別々の動きをする活動を行います。この動きの基本となるのは四つ這いやハイハイ（ほふく前進）です。発達障害のある子どもは、ハイハイや四つ這いを経験していないことも多く、小学生以降の方でも難しい場合がありますので、ぜひハイハイを行ってみてください。ほかには、ロープを交互に引く、ジャングルジムに登るなどもあります。さらに、③片手で固定してもう片方の手を動かす活動をやってみましょう。大根おろし、消しゴム、ハサミ、お茶碗を持って食べるなどたくさんの活動がありますね。「左手で押さえて」などと言葉で指示するのではなく、子どもが固定している左手に大人がそっと手を添えて押さえておくと両手動作はうまくいきます。

（注13）参考文献：『手先が不器用な子どもの感覚と運動を育む遊びアイデア 感覚統合を活かした支援のヒント』太田篤志、明治図書出版、２０１７年

偏食

よくあるトラブル・困りごと

- 給食が食べられない
- 特定のものばかり食べる
- 少食・過食

●どうしてなの？

偏食にはいくつかの原因が考えられます。単なる「好き嫌い」ではないことをしっかり理解することが大切です。味そのものが苦手な場合もありますが、匂い、硬さや柔らかさ、温度などの刺激に過敏で食べられないことが非常に多く見られます。逆に、刺激の強いものばかりを好む子もいます。

こだわりや不安が強くて、食べたことがない新しい食材はいっさい受け付けない子もいます。こだわりが強いと、頑なに同じものしか食べないため、どうしても家庭では食べる量を確保しようとして同じものを大量に食べさせてしまうことがあります。この場合は、「好きなものだけ食べればいい」という誤学習状態に陥っていないかを注意する必要があります。新しいことにチャレンジすることが難しい子の場合にも偏食が見られます。

また、「褒められるとうれしい」という承認欲求が育ってくると、苦手な食べ物にもチャレンジする気持ちが芽生えてくるのですが、ASDのある子どもの場合、「他者（親も含みます）に褒められてうれしい」という感情がゆっくり育ってくることがあるので、その点が影響していることもあります。

SST的接し方

・感覚が嫌で食べられないものは、達成可能な目標を考えてみる

揚げ物のパリパリ感や、生ものののぬるっとした感触などが嫌いな場合は、調理方法を変えれば食べられるのか試してみましょう。無理に食べさせるのではなく、あらかじめごく少量をその子の皿に盛り、「食べきった感」を味わってもらうのも良い方法です。

保育園、幼稚園や学校では、先生と相談して、ルールとして「苦手なものも一口は食べよう」という目標を決めてもらうことで、頑張りやすくなります。このような頑張り、そして少しでも食べられたことを学校と家庭とで共有して、褒めていきましょう。

なお、過敏が強くてどうしても食べられるものが限られる子どももいます。その場合は、強度の食物アレルギーのある子どもと同様に、給食時間にお弁当を持参することで、栄養やカロリーを確保できて、昼休みに友達と遊ぶ時間ももてるようになりますので、ためらわずに学校の先生と相談していってください。周囲の子どもの理解を得ることで、本人の学校生活でのストレスが大きく軽減されるようにもなります。

ペアトレ的接し方

・食事を楽しむ環境づくりをする

不安が強くなると偏食も強まるので、安心して食事できる環境づくりを心掛けましょう。箸の使い方、お椀の持ち方、一皿分を食べきったなど、褒めるポイントを見つけて、どんどん褒めてあげましょう。魚を食べると骨が強くなる、豆腐を食べると筋肉が育つなど、料理にまつわる話をして、食べたら「背が伸びるね」「足が速くなるよ」などの声掛けもしていきましょう。

・「できて、褒められてうれしい」という機会をもつ

承認欲求は、「他者から認められたい」という内的な欲求であり、思春期や成人期でも見られるものですが、0歳から2歳児であっても、歩けて褒められた、食べられて褒められたと、親に褒められることで満たされます。例えば、小学生になったわが子が歩いていても、それを褒めることはないと思いますが、1歳頃に初めて歩いたときには思いっきり子どもを褒めてハグして、一緒に喜んだのではないでしょうか。このように、できて、褒められた、それを親と一緒に喜んだということの繰り返しが、子どもが新たなチャレンジをしていくためには必要です。自身が役者になったつもりで、子どもができたことを褒めて、一緒に喜ぶ機会を増やしてみてください。

感覚統合的接し方

・無理強いせず少しずつ少しずつ広げていく

味や匂いが受け入れられず、嘔吐や不快な反応が見られる場合には、食材を受け入れることが困難になります。無理強いしてしまうと不安感から症状が悪化する場合もありますので無理強いは行わないようにしましょう。好きなもののなかに少しずつ苦手なものを混ぜていくなど少しずつ取り組んでいきますが、無理をさせないようにしていきましょう。

・探索や試行錯誤をさせる

偏食のある子どもは、自分から探索することが苦手な場合があります。食材を食べなくてもいいので、その食材を手やスプーンで触らせたり、半分に切って中身を見せたりしてみましょう。探索していきながら、どんなものか分かると自分から食べてみようとすることがあります。新しい活動にチャレンジできるようになると、いろいろな食材にチャレンジする子どももいます。

・承認欲求が高まるまで待つ

自分が苦手な食べ物を食べようとしなかった子どもでも、大人に褒めてほしい、という承認欲求が生まれてくると、褒めてほしいために苦手な食材にチャレンジできることがあります。

音や光に敏感

よくあるトラブル・困りごと

・教科書を読むと疲れる
・突然の音や光でパニックになる
・外出を嫌がる
・ざわざわした場所で人の話を聞けない
・教室に入るのを嫌がる

●どうしてなの？

感覚過敏は、耳や目など感覚器そのものの問題だけでなく、脳内神経伝達物質量の調整不良、さらに不安、ストレスや身体疲労などが影響すると思われていますが、はっきりとした原因は分かっていません。いずれにしろ、ある感覚刺激に対して、脳が反応し過ぎている状態ですので、日常生活のなかでさまざまな「生活のしづらさ」が出てしまいます。例えば、蛍光灯の光は毎秒100~120回点滅していますが、一般的な人には連続して点灯しているように見えます。しかし視覚過敏の人は、点滅に気づき、「目がチカチカする」と訴えることがあります。学校の教室が明る過ぎる、教科書、ノートが白く光って見える、そのために疲れてしまうのです。

聴覚過敏のある子どもは、学校やスーパーなどの騒々しい場所では、音の量や種類の多さに耐えられなくなる場合があります。授業中の教室などの比較的静かな場所でのエアコンのモーター音や遠くから聞こえてくる音が気になってしまい、肝心の先生の声が聞き取れないこともあります。また、ドライヤー、運動会のピストルの音、赤ちゃんの泣き声、車のクラクションやドアの閉まる音など突然の音で混乱してしまうことも多く見られます。

SST的接し方

・自身で過敏性を理解して、事前に準備をする

「ペアトレ的接し方」でも説明していますが、本人が自分の感覚過敏を理解することが大切です。そのうえで、対処法を本人と周囲の大人（親、学校の先生など）が一緒に考えていきます。例え

ば、大きな音のする場所、人の多い場所に行くときには、あらかじめ状況を伝えておき、耳栓やヘッドホンで音楽が聞けるようにしておくなどの準備を整えておきましょう。ただし、子どもによっては、横断歩道を渡るときや電車のホームで待つときなどの周りの状況を把握することが必要な場面で、音楽に熱中し過ぎて危険な行動につながってしまうことがあります。音がつらくてもヘッドホンや耳栓をしてはいけない場所を具体的に伝えるとともに、本人自身が考えて、着けたり外したりできるようにサポートしていきましょう。

ペアトレ的接し方

・本人の感覚過敏からの困りごとを理解する

感覚過敏で苦しんできた大人から、「ほかの人も同じようにつらく聞こえたり、見えたりするのに我慢している。自分だけ辛抱が足りないと思っていた」と教えてもらったことがあります。本人は生まれてきたときから、そのように過敏に聞こえて、見えてきたわけですから、なかなか自身で気づくことは困難です。周囲の大人が、本人が困っている（耳を押さえる、目をパチパチするなど）ときに、「なんでだろう?」と考え、気づくことが、本人への適切な接し方へのスタートとなります。本人は、「自分はダメだ」と勘違いしていますから、そうでないこと、頑張り続けてきたこと、そして、対処法を一緒に考えていきたいことをはっきりと伝えてあげてください。

・周りが理解して、支援できる体制をつくる

感覚過敏は、特に集団生活の場で生活上の問題を引き起こしてしまうので、学校との連携は不可欠です。本人の過敏性に合わせて、席の位置やメガネ、ヘッドホンなどのグッズの使用許諾を得るようにしていくとともに、周囲の子どもの理解も得るようにお願いしていきましょう。自宅での生活や家族での外出時にも、感覚過敏に配慮していきましょう。

親や学校の先生の配慮によって、感覚過敏による生活上の課題を軽減できたときにも、本人がいちばん頑張ったわけですから、しっかり褒めていきましょう。

感覚統合的接し方

・視覚、聴覚刺激を少なくする

視覚刺激を減らす方法としては、サングラスをかける、色つきのレンズが入ったメガネをかける、カーテンを閉める、教科書にセロハン状の色のついたシートを掛ける（図表36）、部屋の中を整理する、などの方法があります。聴覚刺激を減らす方法としては、ノイズキャンセラーやイヤーマフ、耳栓を使用する、椅子の足にテニスボールを付ける（図表37）など苦手な音を排除する方法があります。部屋の中でみんなが移動をし始めると疲れる子どももいますので、準備、片付けはみんなが行ったあとに一人で行うなどの配慮が必要な場合もあります。静かで明る過ぎな

図表36　魔法の定規

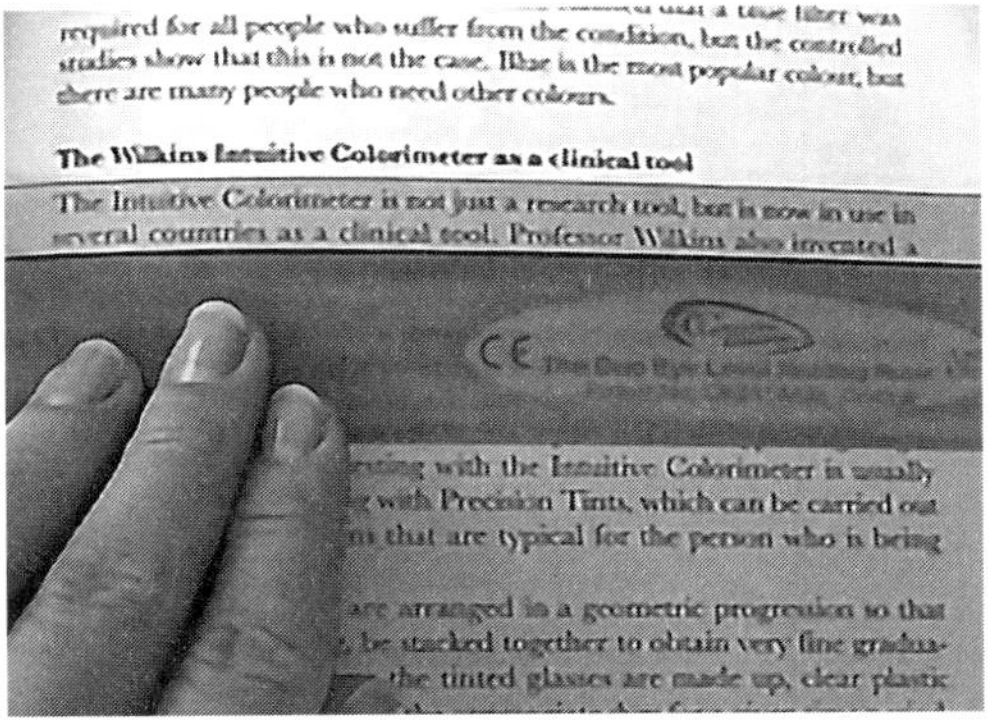

図表37　椅子の足にテニスボールを付ける様子

い部屋をクールダウンの部屋として用意したり、聴覚過敏がひどい場合には個別で授業をしたりすることが必要な場合もあります。

・一度にいくつかの音を聞き分けるゲームをする

聴覚過敏の子は音の取捨選択が苦手な場合があります。２人が同時に違う言葉を言って、それぞれが何を言ったのか当てるゲームなどを行うと、聴覚の過敏さが軽減することがあります。

・感覚過敏の意思表示をする

感覚過敏の当事者の苦痛は耐え難いものがありますが、見た目では分かりにくいため、周囲の人に理解してもらえない場合があります。感覚過敏研究所では、感覚過敏缶バッジ（図表38）など感覚過敏の理解を進めるためのグッズを販売しています。どうしても周りの理解が得られない場合には、専門家のアドバイスを受けながら、このようなグッズを使うことが有効かもしれません。

図表38　感覚過敏缶バッジ

睡眠時間が不規則

よくあるトラブル・困りごと

- 寝る時間が遅い
- 夜の睡眠が浅い
- 朝起きづらい
- 日中、ぼーっとしている

●どうしてなの？

発達障害のある子どもは、入眠や覚醒が不規則で、寝つけなかったり、夜中に目を覚ましたり、小学生になっても昼寝をしたり、睡眠リズムがつきにくいことがよく見られます。こだわりがあって、夜寝る前に決まった行動を取らないと眠れない子もいます。原因としては、睡眠と関係のあるメラトニンと呼ばれるホルモンの分泌機能などの問題が挙げられますが、明確には分かっていません。

睡眠リズムの乱れは、集中力の低下、イライラ、衝動性の増加といった二次的な症状を引き起こすことがあり、学校生活にも支障をきたしてしまいます。朝起きられずに、不登校になる子もいるので、睡眠リズムが整うような工夫が必要です。

また、夜のほうが静かで余計な刺激が少なく、好きなことに集中できるという理由から夜更かしをしてしまう子もいます。年齢が上がってくると、ゲームやＳＮＳで友達と夜中にやりとりする子も出てきます。学校で一緒に日常生活を送るなかで友達がつくりにくく、姿の見えない友達をつくりたくなる傾向が見られることも少なくありません。「好きなときに好きなことを一緒にできる相手」だと、関わるのが楽だからです。

ＳＳＴ的接し方

・ゲームの管理は親が行う

特に小学校低学年の場合、ゲームは「使うときだけ渡す」など親が遊び方を管理したほうがよいでしょう。また、朝の登校前までなど、必ず終わらなければいけない時間を設定してみるのも一つの方法です。もちろん、学校に行きしぶる子には使えない手ですが、「朝の準備をすべて済ませてからゲーム」など、一度ルールをつくったら必ず守るように約束をし、できなければゲームは禁止にします。「朝からゲームなんて」と思われるかもしれませんが、夜のゲームやスマートフォンの光は脳を覚醒させて睡眠を妨げるものなので、その点でも、朝ゲームにはメリットがあるといえます。

ペアトレ的接し方

・夜は親子のコミュニケーションの時間とする

年齢によりますが、夜の決まった時間からは、スマートフォンやゲームなどの目と手を駆使するような電子機器に触れさせず、読書や読み聞かせなどの時間にします。刺激の少ない内容であれば、テレビもよいでしょう。大人でも1日頑張ったら、夜寝る前くらいはほっとした時間をもちたいものです。ルールをつくりつつ、本人にとって楽しくてリラックスできる時間のもち方を子どもと一緒に考えてみてください。

毎日でなくてもいいので、夜を親子のコミュニケーションの時間とすることも考えてみてください。例えば、短時間でもいいので、睡眠前に親子のスキンシップの時間をつくって、その日の出来事を親子それぞれで言い合うようにします。子どもが楽しかったことだけでなく、嫌だったことを話しても、聞いてあげましょう。何か解決法を探る話題が出たときは、「そうかぁ、そんなことがあったからムカついたんだね。また明日学校から帰ったら、ゆっくりお話ししようね」と本人の気持ちに共感して、安心感を与えるようにします。また、親からの話に対して子どもに褒めてもらったら、「うれしい」「また褒めてもらえるように頑張るね」など、褒めてもらうとうれしいという気持ちを、親からも表現するようにします。

これらのリラックスタイムについては、後述の「感覚統合的接し方」の「覚醒を下げる刺激」を併用することもお勧めです。

感覚統合的接し方

・日中はなるべく覚醒を上げて疲れさせる

夜眠れない子どもは、覚醒が高く元気な子どもが多いので、日中はなるべく日光に当たり、たくさん身体を動かし疲れさせておきましょう。室内でもトランポリンなどの活動が有効ですが、夕方以降は激しい活動を徐々に控えていきます。

・覚醒が下がる感覚刺激を試す

子どもによって好む感覚刺激の種類や強さが異なりますので、いくつか試しながら眠くなる感覚刺激を選びましょう。

圧迫刺激：重さのある布団のほうが落ちつく場合が多いです。チェーンブランケット（図表39）

など金属製のチェーンが入った重たい毛布も市販されています。ゆったりとしたマッサージもよいでしょう。

触覚への刺激：耳掃除や髪の毛や身体を毛並みに沿ってゆったりなでていきます。

前庭感覚の刺激：ゆったりと揺れる椅子に座ったり、抱っこして子守唄を歌いながらゆったり揺らします。

嗅覚への刺激：落ちつく香りのアロマを焚いたり、お風呂にオイルを垂らしたりします。

視覚や聴覚への刺激：柔らかい間接照明やゆったりした音楽を使います。入眠のための音楽や効果音がいくつか販売されていますのでご活用ください。

図表39　チェーンブランケット

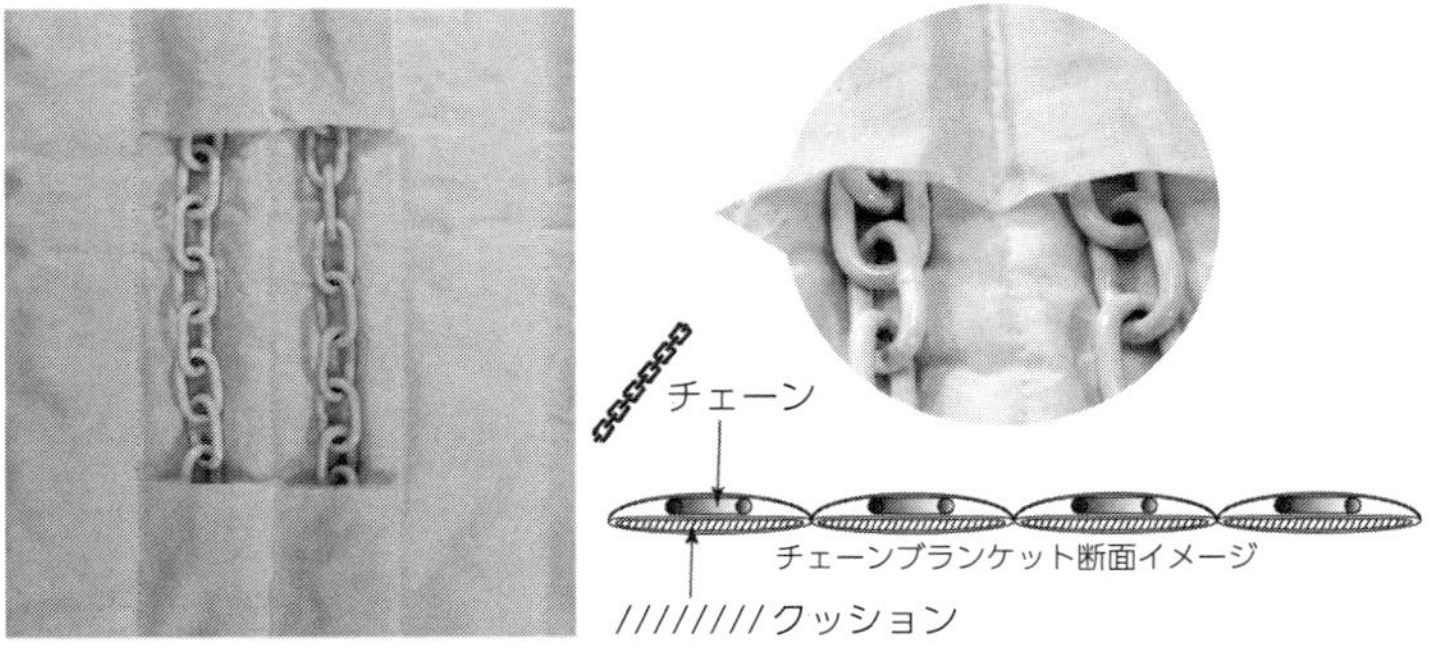

朝の支度に手間取る

よくあるトラブル・困りごと

- 朝起きづらい
- 起きてからもぼーっとしている
- 一人で着替えができない
- 学校の準備を「やった」と言いながら、実はできていない

●どうしてなの？

前項で発達障害のある子どもは昼夜の睡眠リズムがつきにくいと説明をしましたが、まず就寝時間と睡眠リズムに問題がないかを考えてみます。大人が思っている以上に、子どもには睡眠時間の確保が必要です。睡眠時間やリズムには問題がないのに朝起きられない、機嫌が悪い、ぼーっとしているのであれば、「起立性調節障害」の可能性があります。思春期によく見られる自律神経機能不全の一つで、立ちくらみ、めまい、動悸、失神、頭痛、朝起き不良、倦怠感、食欲不振、乗り物酔いしやすいなどのさまざまな症状を伴います。「怠けているだけ」「夜更かししているか

ら」と決めつけずに、医療機関を受診して適切な治療を受けましょう。逆に、「夜はちゃんと寝ている」と本人が言い張っていても、朝起きづらい、午前中も午後も眠そうにしているという場合は、ベッドにゲームを持ち込んだりして、ちゃっかり夜更かししていることもあります。

しっかりと目覚めているのに、身支度が進まない場合は、気持ちがあちこちに移ってしまっている可能性があります。着替えや支度に時間がかかる場合は、手先の不器用さや時間感覚に問題があるかもしれません。また、朝の支度が遅れると登校や登園の時間に間に合わなくなるので、つい親が手を掛け過ぎてしまい、本人が自分でできるようにならないというパターンにも気をつける必要があります。

SST的接し方

・気が散らないように環境調整を行う

気が散って着替えに時間がかかる子の場合は、目につきやすい場所におもちゃや絵本を置かない、食事中はテレビをつけない、洗面所の物を少なくシンプルにしておきましょう。やるべきことを順番に表示した絵や写真を貼っておくのも良い方法です。気持ちが別のところへいっているようであれば、「どこまでできた？　あと2ステップだね」などの声掛けをしましょう。

・朝やることをルーティン化する

朝起きづらい子は、日常生活での不注意ミスを繰り返しがちです。「やっていないのにやったと言う」というのは、実は親目線であって、本人からすると「やった。でも抜けていた」という場合と、いつも叱られるので、「やった」と反射的に言ってしまう場合などがあります。「時間割は夜にする。でも、朝もう1回確認する」というルールにして、朝のルーティンに取り入れて、手順書のようにして書き出してみましょう。そうすることで、本人は、できているときに褒めてもらえる、できていなかったときには手順書を見てやり直してできた、と徐々に自分でできるようになってきます。本人は時間感覚が弱いので、このようなルーティン作業の時間はゆとりをもって計画を立てていきましょう。

ペアトレ的接し方

・行動をABCで理解して、できることを増やしていく

朝の支度がなかなかできないという問題は、親にとって大きな困りごとです。「自分一人でできることを増やして、成長していってほしい」と願わない親はいません。しかし、何度注意してもできないため、叱ってしまう。時間がかかって遅刻しそうになるため、最後には小言を言いながら手助けしてしまう。このようなパターンになってしまうことも少なくありません。着替えな

図表40　子どもの行動をABCから理解して、対処する（例2）

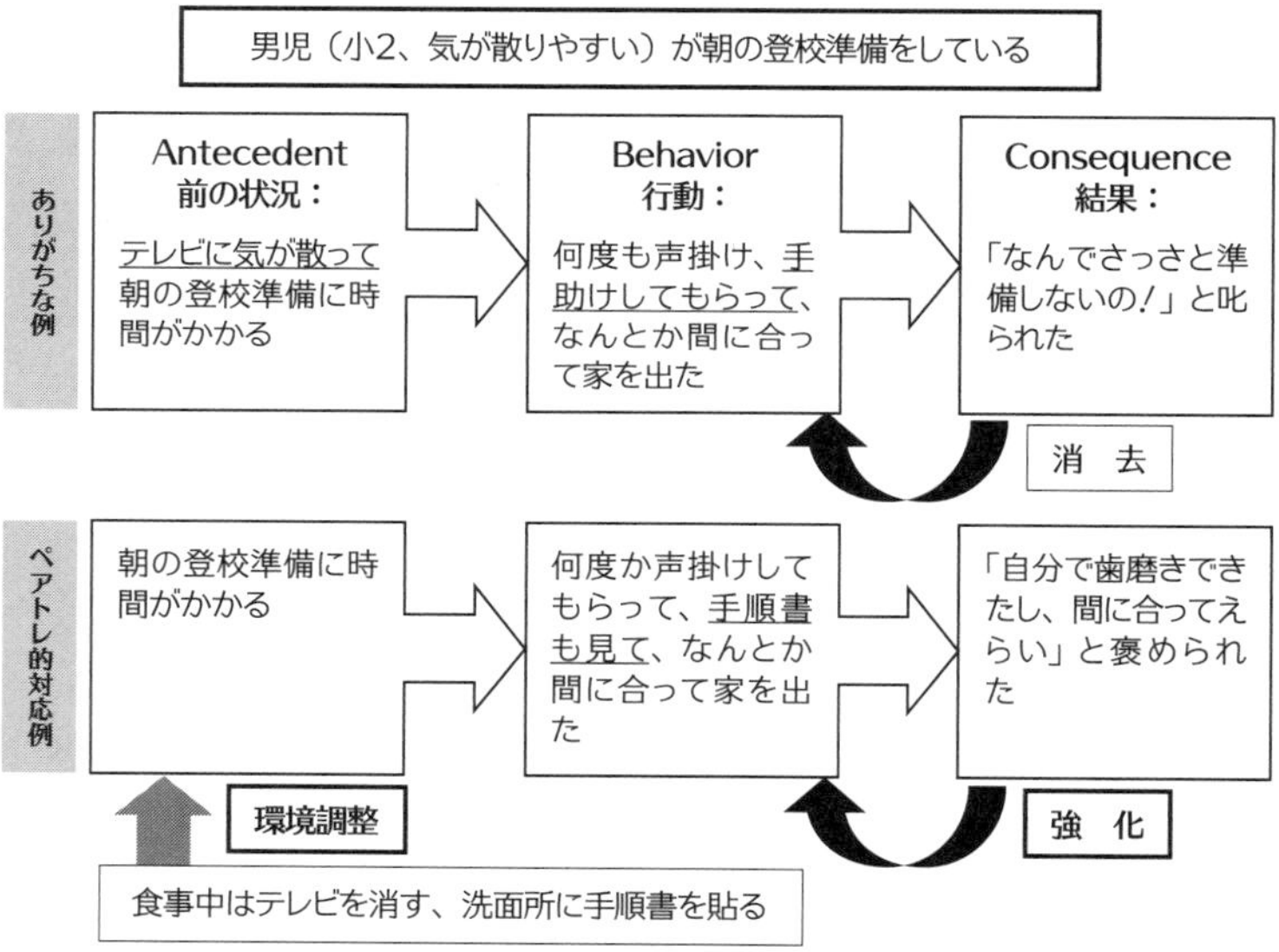
男児（小2、気が散りやすい）が朝の登校準備をしている
ありがちな例
Antecedent
前の状況：
テレビに気が散って朝の登校準備に時間がかかる
Behavior
行動：
何度も声掛け、手助けしてもらって、なんとか間に合って家を出た
Consequence
結果：
「なんでさっさと準備しないの！」と叱られた
消　去
ペアトレ的対応例
朝の登校準備に時間がかかる
何度か声掛けしてもらって、手順書も見て、なんとか間に合って家を出た
「自分で歯磨きできたし、間に合ってえらい」と褒められた
環境調整
強　化
食事中はテレビを消す、洗面所に手順書を貼る

どの身支度を手伝うのは決して悪いことではありません。ただし、「自分一人で、決まった時間内で、着替えられるようになる」のが目標ですから、「本人のできること、できないこと」を見極めたうえで、事前の環境調整もしながら、声掛けや手助けの部分は徐々に減らしていくようにしましょう。

図表40「子どもの行動をABCから理解して、対処する」に沿って説明します。ABCで考えるときは、「子ども目線」で記載することが大切です。上段のありがちな例では、子どもはテレビが気になりつつも自分なりに準備していたのですが、親にたくさん手伝ってもらい、結局叱られ

て家を出ることになってしまっています。行動療法で「消去」とは、Ｃ（結果、叱られた）のために、Ｂ（行動、間に合って家を出た）が、次から見られにくくなるということです。このようなパターンが続いてしまうと、朝から親子でバトルになっていっそう自分での準備ができなくなり、お互いに嫌な気持ちで一日が始まる、ということにつながってしまいます。

下段の「ペアトレ的対応例」では、親が行動前の状況に対して工夫、すなわち環境調整をします。気が散らないようにテレビを消す、何度も言わなくて済むように手順書を貼っておくなどです。このような環境調整は、子どもの年齢や特性に合わせて行います。子どもからすると、気を散らさずに準備ができて、分からないときは手順書も見られるので、叱られずに準備ができて、褒められて家を出ることができています。さらに、褒められることで、適切な行動（自分である程度準備して間に合って登校できた）が増えること（強化）につながります。なお、適切な行動を増やすために最も大切なことは、本人が「自分で着替えられるようになりたい」という気持ちをもつことです。普段から朝の準備を自分でできることを目標として親子で話し合っておきましょう。自分で決めたことをできて、褒められる、ということで、その行動が増えていくからです。

また、学校指定の制服がないのであれば、できるだけ簡単に着られる服を用意することで本人の負担を軽減できますし、褒めるポイントを増やすことができます。

感覚統合的接し方

・朝、覚醒を上げる活動や刺激を取り入れる

触覚への刺激：朝シャワーを浴びます。
前庭感覚への刺激：トランポリンでジャンプします。
嗅覚への刺激：柑橘系のすっきりした匂いのアロマを焚きます。
視覚への刺激：カーテンを開け朝日を浴びます。朝ゲームをすることもお勧めです。
聴覚への刺激：ノリの良い音楽がいいのですが、不注意のある子どもの場合には注意が必要です。

清潔が保てない

よくあるトラブル・困りごと

- 汚れた服や靴を身に着ける
- 手洗いやうがいをしない
- 歯磨きやシャンプーを嫌がる
- 歯磨きや入浴を面倒くさがる
- 身だしなみを意識できない
- 思春期になって、身だしなみで嫌われていることに気づけない

●どうしてなの？

大人でも発達障害のある人は、季節にそぐわない服装や、ＴＰＯに合わない身だしなみをしてしまうことがあります。人にどう見られているか、人にどのような印象を与えているかを想像することが苦手なためです。社会的なマナーやルールがあることを知って、それを実践するという機会は意外と少ないものです。思春期になると、身だしなみが整えられないと異性に嫌がられて

しまったり、同性にいじられてしまったりしてしまいます。仕事をするようになると、初対面の印象はその後の本人評価につながります。TPOに合った服装や身だしなみが整えられていないことで、「この人はだらしがない」「やる気がない」とマイナスの印象をもたれてしまって、本人が損をしてしまいます。そのあたりの「身だしなみが意識できない→仕事でマイナス」という点がつながらないこともあれば、その場に応じたマナー自体が分かっていないこともあります。

こだわりの強さから、「シャンプーは週に1回」「この靴しか履かない」など、清潔な状態が保てない場合があります。感覚過敏があると、歯ブラシの感触、歯磨き粉やシャンプーの匂い、服の肌触り、爪切りの感触、理容院や美容院の匂いやハサミの音がとても苦痛な子がいます。逆に、感覚に鈍感で不衛生でも平気であったり、気づかないという子もいますし、なかには敏感さと鈍感さを併せ持つ子もいます。不器用で手先がうまく使えず、歯磨きやシャンプーが雑になったり、シャツをズボンやスカートの中に入れられないこともあります。

SST的接し方

・場にそぐわない服装や髪型の写真を見せて、気づかせて、一緒に話し合う

「このような場所ではこうするのが当然だ」という伝え方では、本人には届きません。本人が気づけるような説明が必要です。説明は年齢に合わせて変わってきます。

幼児期であれば、まず絵本などで「ばい菌」について視覚化したうえで、「身体に良くないもの」であることを説明します。手を洗わないで食事するとばい菌はどうなるのか、歯磨きしないとどうして虫歯になるのかなどを理解させます。そして、「おやつの前には手を洗う」「寝る前には歯磨きする」などが習慣化できるように、好きなキャラクターを使ったりして本人の興味を引く絵を洗面所に貼りましょう。習慣づけするために、できたらカレンダーにシールを貼り、1週間続けられたらご褒美をあげるのもいいでしょう。できたことを褒められて、親が一緒に喜ぶと、子どもにとってはご褒美となり、次のやる気につながります。

学童期では、服装選びが難しい子には、季節に合った服装のパターンを写真に撮っておき、自分で洋服を選べるようにします。そのうえで、冬の薄着は風邪をひきやすいこと、同じ服ばかり着ようとすると洗濯が追い付かないことなどを説明して、本人の気づきを促します。洗面やお風呂では、石鹸やシャンプーの量、シャワーにかける時間などを具体的に説明し、一人で清潔を保てるように促します。匂いの少ないシャンプーや歯磨きを使うと楽になる子もいます。

思春期になると、本人に気づきを促すことは結構大変です。服装や身なりを注意されると、「自分自身が否定された」と感じてしまうからです。本人の身だしなみが「良くない」とは否定せず、「シャツが出ていたら恥ずかしい、と思うクラスの女の子がいる」「苦手な匂いは人によって違う」など、「相手がこう思う」と具体的に伝えてあげましょう。あるいは、「お、今日の服装ばっちり」「髪型かっこいい」など、適切と思われるときは褒めていきましょう。

また、テレビや雑誌を見ていて、社会人でほかの人の例なら、「ここで、この格好はダメ」と分かることもあります。そのような例から気づいて、「20歳になったときのために、練習してみよう」と話し合っていくこともトライしてみてください。

ペアトレ的接し方

・当たり前のことでもできたことを褒める

手洗いや歯磨きなど毎日の習慣でも「きれいにできたね」と褒めます。今まで嫌がっていたことや新しいことに挑戦したら、「髪の毛をきれいにとかせたね、えらいね」などと、具体的に褒めるとともに、「お母さん（お父さん）うれしいよ」と一緒に喜んでいきましょう。

・外出前にはチェックをする

外出前に鏡を見せて、「髪の毛は跳ねていない？」「口の周りに食べ物は付いていない？」「洋服は乱れていない（具体的なチェックポイントも示す）？」などのチェックをして、できているところを褒めます。できていないところは「ダメ」「できていないよ」と指摘せず、「口を拭いたほうがきれいだね」というように、「〇〇したほうがいいね」という言い方をしましょう。そして、本人が修正できたら、忘れずに褒めます。

感覚統合的接し方

・過敏な子は何が苦手かを確認する

洗剤やシャンプーの匂い、服の素材、シャワーの刺激、スポンジの感触など、何を嫌がっているのか知ることから始めます。感覚過敏はなかなか慣れていかないので、子どもの特徴に応じた安心できる感覚の製品を選ぶことが大切です。歯磨きではブラシではなく、紙やシリコンで磨く方法もあります。髪の毛を切るときは濡らしてから切ると大丈夫なときもあります。

・感覚過敏の意思表示をする

触覚過敏の場合には、いろいろなものが身に着けられなくなります。最近では、マスクが着けられない方もいます。マスクを着けると、肌がかぶれてしまう、息が苦しくて倒れてしまう、耳にかかることが嫌、などの症状が見られます。マスクが着けられない場合には、周りに理解を求めることが難しくなります。感覚過敏研究所では、感覚過敏の方のために、マスクが着けられない、という意思表示カード（図表41）を作成しています。カードを提示することで周囲の方の理解が進む場合もあります。

図表41　感覚過敏意思表示カード

・鈍感な子には衛生について教える

身体の感覚が鈍感なため、シャツが出ていても気がつかない場合があります。子どもの場合には、感覚を感じやすくする遊びを行っていきます。こっそり身体を触るゲームなどがいいと思います。手で触れるだけでなく、布や歯ブラシ、スポンジなどでチャレンジして、感触の違いに気づかせていきましょう。服の中にボールを入れたり、身体にシールを貼ったりして違和感に気がついてもらうような遊びもいいです。

第5章
病院・学校・支援機関……
周囲の協力を得るために知っておいてほしいこと

本書では、発達障害のある子どもへの接し方について、

- 子どもを理解する
- 発達および成長を知る
- 専門プログラムから学ぶ

以上を踏まえたうえで、

- 困りごとに沿った「接し方」にチャレンジしてみる

という流れで説明してきました。この接し方が「適切である」という背景には、図表2「発達障害の支援と成長の関係（31ページ）」で説明したように、その子の発達の特性を理解して、周囲が適切な接し方、環境調整を行うことで、生活での障害が軽減されて、成長が期待されるという考え方があります。しかし、実際に家庭で熱心に取り組んでみても、思うように子どもの行動が改善されない、親のストレスが軽減されない、ということも生じるかもしれません。

なぜでしょうか。それは、親が本人に適した接し方を行うことに加えて、

- 環境調整は家庭だけでなく、本人の生活の場全体で行う
- 本人の気づきと成功体験、達成感を維持していく

これら2点も押さえる必要があるからです。

本章では、日々頑張っている親がストレスを軽減し、親子が笑顔で過ごせるためのヒントを考えていきます。

①相談できる場、人を見つける〈一人で抱え込まない〉

「うちの子、もしかして発達障害?」と不安になったとき、誰に相談するかは悩むところです。診断がつくまでは友達に話すこともはばかられるかもしれません。かといって、病院はどうしても行きづらいと感じる場合には、地域の「発達障害者支援センター」が助けになってくれます。都道府県に1カ所は設置されていますし、まずは電話でも相談できるところが多いです。しかし、いきなり「発達障害」と名のつくところへ行くのがためらわれるようであれば、子どもの年齢にもよりますが、市町村の保健センターや児童相談所、子育て支援センターを利用するのもよいでしょう。

保健センターは1歳半健診や3歳健診を行う場で、健診時に相談すると、医療機関を紹介してくれることもあります。児童相談所は17歳までの子どもが対象ですが、虐待などの対応でたいへん忙しく、療育手帳判定や、非行や虐待が併存している場合のみ対応してくれている状況です。子育て支援センターは厚生労働省の管轄で、育児に関する情報を発信するとともに、乳幼児の親の交流の場となっています。保健センターでは、状態に応じて発達検査が行われることがありますし、保健師など発達支援の専門職もいますから、就学前でしたら、いちばん相談しやすいかもしれません。

どの機関も真摯に話を聞いてくれるはずですが、自治体によって対応に差があるのは否めません。また、対応するスタッフとの相性もあります。一度相談して納得できる話を聞けなければ、そのまま放置せず、別の機関に相談するようにしてください。親自身が「安心して相談できる雰囲気」は大切です。

相談の結果で特に注意してほしいのが、「様子を見ましょう」「何かあれば、また来てください」という言葉です。発達障害のある子どもへの適切な接し方は、スタートが早ければ早いほど効果が出やすくなります。様子を見るのではなく、その時点で子どもや親が困っていることに着目してくれる支援者を見つけましょう。そのためには、「気になること」はメモをして行って、聞き落としがないようにすること、「何かあれば」の「何」をためらわずに具体的に聞いてみることです。子どものことをいちばん分かっていて、心配しているのは親なのですから、「私が気にし過ぎなのかな……」と遠慮する必要はありません。

相談に行く前に夫婦で話し合うことも大切です。その際に、子どもと接する時間が短い、一緒には遊んでくれているが、朝の登園や登校準備や夕食、入浴、就寝など、「この年齢ではこれくらい自分でやってほしい」という場面の実情をよく知らない場合、「子どもはこんなものだろう」と夫婦での意見がズレる場合があります。その場合も決して一人で抱え込もうとするのではなく、相談結果を夫婦でシェアして、お互いの子ども理解を深めていくようにしていってください。また、保育園や幼稚園に行っていたら、「集団生活での適応」は発達障害のある子どもにとって大きな壁となることが多いので、ぜひ園での様子も聞いてみて、相談の可否などについてのアドバイスを受けるようにしてみるとよいでしょう。

この時期、焦るでしょうが、「アドバイスをくれる」というより、「話を聞いてくれる」「一緒に考えてくれる」人を見つけていきましょう。

②医療機関を利用する〈何かあれば受診できるようにしておく〉

「病院は病気を治すところ」というイメージがありますから、病院に行くことは、何か子どもに悪いものがあるのを見つけに行くみたいで、ハードルが高く感じられることも少なくないと思います。受診するかどうかは本人や家族が決めることですが、児童精神科医の立場からすると、「早目に気軽に受診しておいてほしい」というのが正直な気持ちです。

理由は２つあります。１つ目は、子どもがうまく自分の能力を発揮できない時間、親が子育てのストレスに悩む時間を短くすることができるかもしれないからです。２つ目は、小児神経科医師や児童精神科医師への需要と供給のバランスです。すなわち、専門医がいる病院では初診までの待機時間が発生する場合が多く、「いよいよ気になってきた。子ども自身も困ってきた。受診しよう」とせっかく決めてくれても、すぐに受診につながらないことがあるからです。これは本当に申し訳ないことです。

そのためにも、受診を考えたなら、まずはお目当ての専門病院に連絡してみてください。「夫婦で相談して、お互い納得してから受診する」「子ども自身が傷付かないように受診する」ようにすれば、「早く受診し過ぎたから損をした」ということは滅多にありません。受診するときには、就学前だったり、こだわりや不安が強い子どもの場合は、「痛いことや嫌なことはしなくて大丈夫だよ。お母さんと一緒にお話ししに行こう」と安心させてあげてください。就学後で本人なりの困りごとや不全感をもちだしている場合や、本人が拒否している場合は少し待ってあげてください。そして、「悪いものがあるから、それをなくそうとするわけではない」「あなたには得意なところも、苦手なところもある。それらを詳しく知ってみて、毎日が楽しく過ごせるようになるといいね」という感じで誘ってみるようにしてください。もちろん、「明日は学校を休んで病院に行こう」とシンプルに伝えるのでも構いませんが、「何をしに行くか」は事前に伝えておいたほうがいいと思います。子どもに無理に理解させようとせず、気持ちに寄り添い、納得しやすくしてから受診しましょう。なお、継続通院とならなかった場合でも、いったんカルテができると、次にまた困りごとができたときに受診しやすくなります。

専門病院の予約がすぐに取れないときは、近くのかかりつけの小児科医師に相談してみましょう。精神科医師のなかには中学生までは診たがらない医師も多いのですが、小児科医師は子どもの発達のプロですから、診断確定まで至らなくても、相談に乗ってくれて、何らかのアドバイスをしてくれるところが多くなってきています。

なお、ここでいう「専門の病院」というのは、専門医がいるだけでなく、スタッフに心理士や作業療法士、言語聴覚士などの専門職を配置しているところがいいでしょう。専門病院は相談機関との連携も密に図っているところが多いので、前述の保健センターや発達障害者支援センターに問い合わせてみると、地元ではどこがお勧めかこっそり教えてくれることも多いと思います。

受診目的として、「診断書希望」という場合が増えてきています。これは、福祉系の発達支援サービス、例えば療育や放課後等デイサービスに通うためには「受給者証」が必要であり、そのために医療機関の診断書が必要となるからです。詳しい福祉サービスは、「⑤福祉サービスを知る（259ページ）」で説明します。保育園や幼稚園で「障害加配」、小学校で「特別支援教育」を受けるためにも、医師の診断書が必要となってきます。

これら診断書希望の受診のときには、前述したように受診まで日数がかかる場合がありますので、診断書の締め切りまでに間に合わない可能性があることに留意してください。そういった意味でも、受診は早目のほうがいいのです。もし、急いで受診した病院やクリニックで満足した診察を受けられなかった（例えば、子ども本人を診ずして、親からの情報だけで診断がついたなど）場合は、その安直な診断名が子どものこれからに影響してしまいます。できるだけ正確な診断につながる情報をもって、受診してください。具体的には、発達歴（母子手帳は必ず持参）や園や学校の先生からの情報（口頭でも構いません）、さらに保健センターなどからの紹介状（発達検査結果があることが望ましい）などです。

発達障害を疑われる子が医療機関を受診すると、すぐに薬を出されることがあります。「困っているからなんとかしてあげたい」とつらい状況を緩和するために即効性のある薬を処方しているのでしょうが、投薬についてはもう少し慎重に考える必要があります。

確かにＡＤＨＤのある子どもに見られる落ちつきのなさは、薬を飲むとある程度抑えることができます。しかし、まずは子どもへの接し方を親や周囲の大人が工夫すること、衝動的な行動を軽減する環境調整を行うことが先決です。厚生労働省研究班が発表している「注意欠如・多動症-ＡＤＨＤ-の診断・治療ガイドライン　第４版」にて「確定診断後、まず環境調整から行うように明記されるようになりました。それでも、症状が強かったり、本人や周囲が困る状態が続いたりするようであれば投薬へという流れになります。環境調整として、ぜひ本書で提案している「接し方」にチャレンジしてみてください。

なお、薬を飲むかどうか決めるときに、最も大切なことは「薬は本人が困っている症状を緩和するために飲む」ということです。決して、「周囲に迷惑を掛けるから」「親のストレスがきついから」を服薬の理由としないでください。薬を飲むのは子ども自身です。

逆に「薬は絶対に飲ませない」という親もいるのですが、発達障害に詳しい医師の指導のもとであれば、薬を怖がる必要はありません。もちろん副作用はゼロではありませんが、通常は少量から始めて身体に慣らしていきますし、副作用が強く出るようであれば、量を調整したり、別の薬に変更したりすればよいのです。

また、服用する場合は必ず学校の先生に報告をし、副作用についても話しておきましょう。そのうえで、学校での様子に変化があれば教えてもらうようにすることで、効果についても見えやすくなってきます。

ＡＳＤの特徴的な症状であるコミュニケーションの障害や、こだわりの強さ、社会性の問題には、明らかな効果を発揮する薬はありません。攻撃性や衝動性、不安な気持ちなどを抑える薬を一人ひとりに合わせて処方することになります。

薬を怖がり過ぎず、必要に応じて必要な期間飲むことは本人の失敗体験を減らし、成功体験を増やすことができます。できることを増やして定着させて、セルフエスティームも伸ばしていくために、「できたことを褒める」ことを併せて実践していってください。「薬を飲んだらよくできるね」ではなく、頑張っている本人を褒めてあげることです。

③学校・園の先生と連携する〈先生を味方につける〉

学校生活を送るにあたり、本人と親にとって大切なのは、担任（学級担任、特別支援学級担任）との関係です。保健室をよく利用する場合は養護教員、学年全体の理解が必要な場合は特別支援教育コーディネーターや学年主任など、先生たちのサポートは欠かせません。特に長時間をともにする担任は、その対応次第で子どもが大きく成長することも少なくありませんから、「理解者かつ味方」になってもらいたいものです。

とはいえ、30～40人の子どもに一人で対応している担任に、自分の子どもだけを特別扱いしてくださいとお願いするのも気が引けます。大切なことは、先生にいろいろなことをお願いする前に、先生を味方につけることです。

その第一条件が、「子どもの前では、絶対に先生の悪口を言わないこと」です。そして子どもに対して「先生はあなたの味方である」「先生はあなたを守ってくれる存在である」と伝えるようにすることです。親から「先生は味方」だと伝えられていると、子どもが先生を見る目も肯定的になりやすいのです。

親から先生へは「先生のクラスで喜んでいます。いつもありがとうございます」「子どもが先生に○○のことで褒められたことをうれしそうに話しています」「先生の話は分かりやすいと言っています」と、具体的な内容を含めて感謝の気持ちを伝えましょう。校長先生や学年主任と話す機会があったときには、担任に感謝しているところから伝え、改善してほしいところはあとから伝えるようにします。

特別支援学級や通級指導に通う場合には、通常の学級担任と特別支援の先生、両方と良い関係を築く必要があります。一方の先生にもう一方に対する不満をぶつけるのは厳禁です。どうしても伝えたいことがあるときには、先生についてではなく、子どもの抱えている困りごとを中心に話をしましょう。

例えば特別支援学級では、授業への集中が切れたときには先生から声を掛けてもらえるので、話を聞く姿勢に戻れるけれど、通常の学級ではそこまで個別対応をしてもらうことは困難でしょう。そのようなときは、「子ども目線」でお願いをしてみましょう。例えば、支援学級の先生に「支援学級では先生の声掛けが授業を聞く合図になっているようなので分かりやすいようです。通常学級ではどうしたら授業を聞けますか？」というように、子どもがどうしたらよいかを聞く形で、お願いするのです。支援学級の先生は自身のやり方を認めてもらっているので嫌な気がしませんから、通常学級の担任にうまく伝えてくれるはずです。

進級で担任が替わる際には、より慎重な対応が必要になります。親からすると、新旧の担任の間で申し送りがあり、子どもの苦手なことや、配慮してほしいことは伝わっていると思うものですが、実際に綿密な申し送りがされる時間はなかなかもてないのが現状でしょう。新しい担任の先生も、本人に会ってみないと、そのような苦手な点が見えにくいため、「担任となってから考える」ということは自然な流れでしょう。

ですから、担任が替わった際には、必ず親から先生へ改めてアプローチする必要があります。先生の都合の良い日時に合わせて面談をしてもらうか、家庭訪問のときがよいでしょう。そのときには、子どもの「取扱説明書」のようなものを作成しておくと伝わりやすくなります。「何が苦手か、どんなときにパニックが起きるか、パニック時の対応など、配慮してほしいことや自分でできるようになってほしいこと」などを箇条書きで記しておくのです。

そのうえで、学校に支援計画書（62ページ参照）を一緒に立ててほしいとお願いしましょう。先生は「子どもの味方」です。そのために「子どもの見方」、すなわち子どもを理解してもらうことから、連携協力をお願いしていきましょう。

「担任との連絡をどのようにすればよいのか」もよく迷うことです。

担任とのやりとりは密にしたいというのが親の気持ちですが、個人メールや携帯、自宅の電話に連絡をすることは避けましょう。先生にもプライベートな時間があります。先生とも相談のうえ、連絡は学校の電話、または連絡帳や個別のノートを作り、そこで行うようにしましょう。

学校での様子をより具体的に知りたければ、前述の図表31「学校との連携のための連絡シート(例)」（158ページ）を参考として、先生が時間をかけずに、目標行動に沿って、明確に記載できるシートも活用していきましょう。「席を立たない」ではなく、「20分以上座っている」などと、記載はできるだけ肯定表現にするのがポイントです。学校でも、自宅でも、子どもを褒める際の参考にもなります。トラブルだけでなく、身につけてほしい行動に注目して、学校と家庭で共有します。

子どもが登校をしぶった際には、子どもが何を嫌がっているのか予測して、先生に具体的な配慮を求めるようにします。例えば、体育で跳び箱がある日に行きたがらないなら、「跳び箱が苦手なので嫌がっているのかもしれません。様子を見てもらえますか?」とお願いをする、図工のある日を嫌がるなら、道具がうまく使えているかや、粘土などの素材を嫌がっていないかに注目してもらうといった具合です。ただ「様子を見てください」「配慮してください」などの漠然としたお願いでは先生も困ってしまいます。

友達関係のトラブルについては、「あの子が悪い」「○○くんがうちの子をいじめた」と主張するのではなく、子どもがどういう気持ちかを伝えるようにします。「遊びの輪に入れてもらえず悲しかった」「話し掛けても反応がなく、つい服を引っ張ってしまった」など、本人がどう感じているかを主軸に話します。

発達障害のある子どもは、時に相手にその気がなくても「いじめられている」と、被害的に感じてしまうことがあります。本人は怒りや悲しみで友達を許せない気持ちになっているので、先生が話し合いに立ち会い、友達に対して「悲しかった」という気持ちを代弁してもらうようにお願いしてみてください。

④学校を知る〈進路選択のために〉

幼稚園や保育園では、障害の有無にかかわらず同じクラスで一緒に過ごす「統合保育」が一般的ですが、小学校以降はいくつかある選択肢のなかから、親が進学先を判断することになります。

まず、在籍する学校は「特別支援学校」または「地域の小学校」から選択します。知的に大きな遅れがなければ、特別支援学校への入学が認められることは稀ですから、地域の小学校へ入学することがほとんどです。

小学校では「通常の学級」か「特別支援学級」を選択できます。その子に合った個別の指導方針を立てて対応しやすいのは、比較的少人数で見ることができる「特別支援学級」です。できればほかの子と一緒に生活させてあげたいという親の気持ちも分かりますが、特性によって授業に集中できなかったり、クラスに溶け込めなかったりすると、学校に通うことが嫌になってしまう可能性があるので、慎重に決めていく必要があります。

進路決定のためには、年長時の夏休み時期に、「就学相談」がありますので、事前に園を通して申し込んでおきます。園ですでに統合保育を受けていたら、園からも案内があるはずです。

そのような場では、小学校側は園や医療機関からの情報（発達検査結果や診断書）をもっているものの、「学習面だけでなく、集団での対人面の力を伸ばしていくためには、この子はどちらの教育環境がよいのだろう?」ということなどは、入学前にはなかなか分からないものです。「周りの子どもの行動をお手本として身につけていく力があるか」「通常の学級内で、どの程度の個別配慮が受けられるのか」などについて、遠慮せずに進路相談や地域の学校の先生に聞いてみましょう。そのうえで、年内に親が進学先を決定していくことになります。

地域によっては、「特別支援学級」に籍を置いていても、ほとんどの授業を通常の学級で受けられる学校もありますし、「通常の学級」に在籍していても、科目によってきめ細かい指導を受けられる「通級指導」も設けている学校もあります。これは、入学してからでも決めていけることです。

「通級指導」は、苦手なところを丁寧に見てもらえる制度ですが、自治体によっては他校まで通わなければならない場合もあります。毎回通うとなると負担が大きいですし、在籍するクラスの授業を抜けることを嫌がる子もいますので、受けるかどうかは、担任の考えも聞きながら、本人の意思を尊重してほしいと思います。

⑤福祉サービスを知る〈子どもに合った支援先を見つける〉

まず、福祉サービスを知っておきましょう。

発達障害の子が公的なサービスを受けるには、手帳や受給者証の取得が必要です。手帳には「療育手帳」と「精神障害者保健福祉手帳」の２種類があります。

療育手帳はＩＱ（知能指数）が一定基準以下で、日常生活に支障のある子どもが対象です。自治体の障害者福祉の窓口で申請を行い、児童相談所による検査で判定がおります。精神障害者保健福祉手帳は知的な遅れがなくても、コミュニケーション力や注意力に課題があり、医師による発達障害の診断書があれば取得可能です。初診から半年以上経過していることが条件になります。

いずれの手帳も、自治体によってサービスに違いはありますが、公共交通機関の割引や公共料金の減免、レジャー施設などの割引を受けることができます。将来的には、就労支援や障害者雇用での就職に役立ちます。

手帳の取得は決して恥ずかしいことではありません。適切なサービスによって少しでも生きづらさが軽減されるのであれば、ためらわずに利用してよいと思います。手帳には抵抗がある、あるいは子どもが小さくて本人の手帳取得の意思が確認できない、検査が受けられないような場合には、「受給者証」の取得という方法もあります。

受給者証にはいくつか種類があり、「医療サービス」として精神科医療費が軽減されるのが「自立支援医療受給者証」です。発達障害のある子どもにとって重要なものは、「福祉サービス」である「通所受給者証」です。就学前であれば「児童発達支援」、6~18歳であれば「放課後等デイサービス」でのサービスを受けられます。いずれも一定の負担額が生じますので、居住地である市町村担当課に問い合わせてみてください。ほかにも、日中に子どもを一時的に見てもらったり、子どもの外出に付き添ってもらえたりするサービスもあります。

医療や福祉サービスの利用で親の負担は経済的にも精神的にも軽減されます。良い親子関係を続けるためにも、認められているサービスを上手に利用してください。

放課後等デイサービスは、小学生から高校生の障害のある子どもが、授業の終了後や学校の休業日に通う場です。生活能力の向上に必要な訓練や、社会との交流の促進、および親の支援が目的となっています。「通所受給者証」があれば、負担は1回につき500~1000円程度で、利用できる回数は子どもの状態や自治体によって異なります。

このところ、さまざまな特徴をもった放課後等デイサービスが開所されています。送迎付き、学習を丁寧に見る、公園など外での活動中心、音楽やスポーツに特化したところもあり、親が数カ所を選んで利用するケースも増加しています。

多くの放課後等デイサービスでは、通所中のカリキュラムが決められていて、学習、造形、遊びなどを効率的に行い、コミュニケーション能力や社会性を高める工夫がされています。しかし、なかにはカリキュラムが形骸化し、好きに遊んで放課後の時間を過ごすという、「預かり型」というところもあります。

また、利用する子どもの障害の程度もさまざまなので、場合によっては、感覚過敏のある子どもにはつらい環境になる可能性があります。家から近い、送迎付きなどの利便性だけではなく、実際に子どもが通う曜日に見学をし、ほかの子どもとの様子を確認したり、管理者や指導員の話をじっくり聞いたりして、納得のうえで決定してください。もちろん、本人自身がその場や指導員を好んでいるか、楽しそうか、という点も大切です。本人が達成感をもてるようなカリキュラムがあるところが見つかれば、適切な療育として機能するでしょう。

放課後等デイサービスでは、児童指導員や保育士、障害福祉サービスなどを2年以上経験した者が在籍していることが必要条件となっています。しかし実際には、発達障害についての専門知識が十分でないスタッフが指導に当たっているところも見受けられます。心理士や作業療法士、言語聴覚士などの専門職が定期的に関わっているかどうかも、安心材料の一つと考えられます。

保護者支援については、厚生労働省が放課後等デイサービスのガイドラインとして、以下の3つを掲げています。

- 子育ての悩み等に対する相談を行う
- 家庭内での養育等についてペアレントトレーニング等を活用しながら子どもの育ちを支える力をつけられるよう支援する
- 保護者の時間を保障するために、ケアを一時的に代行する支援を行う

学校の先生には相談できないことでも、放課後等デイサービスのスタッフであれば、話しやすい面もあると思います。普段から子どもと関わり、親の悩みに親身に寄り添ってくれる人を見つけていきましょう。

公的な福祉サービスではありませんが、同じような障害のある子の親が集い、悩みを共有し、情報交換をする「親の会」は、全国に多数存在しています。活動内容はそれぞれ異なりますが、勉強会の開催、子どもの居場所づくり、地域との連携、会報の発行などが主な活動です。

インターネットなど一方向での情報収集では、さまざまな情報を得ることはできても、「自分の子どもはどれに当てはまるのか」が分からずに不安が強まったり、子育ての大変さに共感が得られなかったりしがちです。定型発達の子どもを育てる親の集まりではなかなか言えないことも、親の会であれば、同じような大変さを抱えた人に出会えるため心の内をさらけ出せますし、先輩ママやパパの生の声が生活のヒントになることもあるので、息抜きの場として活用している人は

多くいます。日本発達障害ネットワーク（JDDnet）（注14）のホームページなどでも情報が得られますので、ほかの親の話を聞く機会ももってみてもいいかもしれません。

（注14）日本発達障害ネットワーク（JDDnet）：発達障害関係の全国および地方の障害者団体や親の会、学会・研究会、職能団体などを含めた幅広いネットワーク。発達障害のある人およびその家族の権利と利益の擁護者として、理解啓発・調査研究・政策提言等を行い、発達障害のある人の自立と社会参加の推進に向けて活動を行っている（ホームページより抜粋）。

⑥ペアトレのノウハウを活かす〈子どもの光るところを見つける〉

わが子に対して、一度もイライラしたことのない親はいないと思います。時には「どうして私ばかり」「なぜうちの子が」と、親が自分を否定するような気持ちになることもあるでしょう。しかし冷静になれば、やはりわが子は愛おしく、幸せになってもらいたいと願っているはずです。では、子どもにとっての幸せとはなんでしょうか。人は誰でも、誰かの役に立ち、「ありがとう」「助かったよ」と言われると自分の存在価値を感じます。発達障害のある子どもも同じです。

そのために、ペアトレで習った「褒める」をぜひ続けてください。SSTでもペアトレでも、基本は好ましい行動を見つけて言葉にすることが大切だとお伝えしました。以前は「うちの子には褒めるところはない」と言っていたお母さんやお父さんも、ペアトレに取り組み、子どもの「良いところ探し」を続けることで、褒めるところがたくさんあったことに気づくことができました。

褒め続けるために、2点注意してほしいことがあります。1点目は、思春期になると、小さなことを褒められると「馬鹿にしているのか」と逆ギレされることがありますので、感謝の気持ちやしっかり見守っていることが伝わるようにしていきます。例えば、「早くにお風呂出てくれて助かったよ、ありがとう」「昨日は遅くまでテスト勉強頑張っていたみたいだね、さすが」などです。2点目は、「聞く」ことも加えることです。ペアトレは行動療法の一つですので、どうしても外面に表れる行動に注目したやりとりとなります。本人の気持ちという内面を知る、本人が言葉に出せるようになる、ということは、成長過程でとても大切です。ペアトレで親子の信頼関係がいっそう強まっていますから、本人が話したそうになったら、そばで待ってみてあげてください。

親が「褒め上手」になると、子ども自身が「褒められ上手」になってきます。好ましい行動、あるいは好ましくない行動に気づけるとともに、どのように行動すればよいのかが分かるようになってきます。人は誰しも、「得意」と「苦手」があるものです。得意を活かし、苦手を工夫して成功体験を積むことで、子どものセルフエスティームは向上していきます。そして、「うまくいかない日があっても、明日また頑張ればいい」と子どもを信じて、「大丈夫!」「あなたはあなたのままでいい」と、いつも応援してくれる親の存在が、子どもの「生きるチカラ」を増して、ますます本人らしい才能を伸ばしていくのです。

その子の「光るところ」を見つけるのは、実は親にとってもとても楽しい作業です。叱ったりイライラしたりという日があっても、心が落ちついたら、再度、良いところを探してください。その繰り返しが、子どもの自信となり、将来の夢につながっていきます。

それこそが「親」に与えられた最も重要な使命であり、幸せな時間ではないでしょうか。

⑦SSTのノウハウを活かす〈スキルとセルフエスティームを伸ばす〉

ソーシャルスキルとセルフエスティームは成長のための両輪です。一方が欠けると、身についたように見えていた適切なスキルも長続きしません。では、どうすれば適切なスキルが長続きし、定着していくのでしょうか。

キーワードは、「気づき」と「達成感」です。子ども自身がその場に応じたスキルの必要性に気づき、モチベーションをもって、そのスキルの練習をして身につける、という過程が大切です。さらに、家庭や学校といった複数の環境でスキルを発揮し、褒められて「達成感」を得ることが大切です。そのためには、家庭だけでなく、学校の先生の協力が得られるように、親が先生と連携していくことが重要です。前述の「③学校・園の先生と連携する（253ページ）」を参考にして、先生からも子どもの適切なスキル発揮場面を褒めてもらいましょう。そうすることで生活場面での達成感が得られますから、子どものセルフエスティームは伸びてきて、スキルが定着するようになってきます。

ペアトレと一緒で、SSTでも「親の粘り強さ」が大切です。子どもはできるときも、できないときもあります。でも、焦らないでください。冷静になって周りを見てみると、大人になっても、SSTの合言葉（基本スキル）である「しっかり見て、じっくり聞いて、はっきり言おう」（70ページ図表6）ができていない人はいるはずです。発達障害のある子どもは、学校も含めて社会の荒波のなかで、素敵な力をもちながら、「少数派」として頑張っています。大器晩成型のわが子を信じて、応援し続けてあげてください。「自分はひとりぼっちではない」と思えることはなによりも大切です。親の見守りと応援を続けていくことで、子どもは「生きるチカラ」を伸ばしていくことでしょう。

⑧感覚統合の視点を生活に活かす〈本人の特性理解と周りの人の理解、生活での工夫〉

「ウロウロしてじっとできない」「物の扱いが乱暴」「友達の輪のなかに入れない」など、発達障害のある子どもの行動は理解されにくいことが多く「努力が足りない」「わざとやっている」「さぼっている」などと思われがちです。子どもの行動が『なぜ』起こっているのか、その原因を考え、その子にあった支援するうえで感覚統合の視点がとても役に立ちます。第３章でも取り上げましたが、「ウロウロしてじっとできない」→「感覚欲求が強い」→「身体にたっぷり刺激が入る活動をしよう」、といった具合です。

感覚統合はすべての人のなかで無意識に行われます。そのため、感覚統合の知識がない人は「じっとできて当然だ」「乱暴な子どもだ」「気が弱いから友達の輪に入れないのだ」と叱咤したり、「頑張ればできる！」と過剰な激励をしてしまい、本人の症状が悪化することもしばしばです。本人が周囲の人から「なんでそんなことするの？」と聞かれても、本人も無意識ですのでうまく説明できません。感覚統合が苦手な子どもは、周りの人から理解してもらえないことが多いと思います。まず、親が感覚統合の視点をもち、子どものつらさを分かる、理解者になってもらいたいと思います。理解ができたなら、本人がつらそうなときに「○○が気持ち悪かったね」と伝えてあげてください。本人自身がつらさを自覚できていないことも多いですし、大切な人が「理解してくれた」ということが安心感にもつながります。感覚過敏の症状は軽減しにくいですが、安心することで、感覚過敏が軽減するともいわれています。

感覚統合のことを理解されている方はまだまだ少ないと思います。本人の感覚統合の特性を周りの方に伝えて、本人と周りの方々をつなぐ、懸け橋になっていただきたいと思います。周りの人がなかなか理解してくれないときには、作業療法士など専門家にご相談ください。専門家のなかでは感覚統合の視点が広がりつつあります。専門家が園、学校などに訪問し先生方とお話する、保育所等訪問支援事業などを利用するといいと思います。

感覚統合が苦手であると、社会でうまくいかないことも多くあります。なぜなら、社会は多数派の人が生活しやすいようにつくられているからです。しかしながら、社会は一種類ではありません。いろいろなコミュニティや仕事があります。本人が居心地のいいコミュニティや会社はどこなのか、選択できるのです。また、社会とうまくいかないときには、工夫ができます。工夫することでうまく生活することができるのです。より良い選択や工夫をするためには、大人になったときに、本人の感覚統合の特性を本人自身で知っておくことがとても大切です。本人が子どもの間は、親が第４章で述べたような工夫を生活のなかで取り入れ、「○○で気持ち悪かったね」といった声掛けをしたりしながら、徐々に本人に自分の特性と工夫の方法を伝えていってください。本人の周りに理解者が増えると本人は生活しやすくなります。今後、感覚統合の視点をもった方がもっと増えていけばと思っています。

⑨子どもと話す、聞く〈本人の気づきが成長につながる〉

「子どもに障害を伝えるのはいつ頃がいいのか？」と悩む親は少なくありません。これには明確な回答はありませんが、児童精神科医の立場からすると、「発達障害」という言葉で伝えるのは、あまり幼いうちではなく中学生以降が適切だと思います。誰しも、「自分とは何か」と自我が成長していくのは思春期だからです。この時期には、小学生の頃の失敗体験が重なってしまい、セルフエスティームが低下していて、発達障害名で説明しようとすると、「だからできないんだ」と後ろ向きになってしまうことも危惧されます。本人が前向きに何かに取り組んでいるタイミングが、告知には適切でしょう。

ただし、幼いうちから、苦手な部分や得意な部分には気づかせておく必要があります。例えば、おっとりした性格の子、元気いっぱいな子がいるように、「ちょっとあわてんぼう」「はりきり過ぎてしまう」「夢中になり過ぎる」といった面があると伝えます。それらは、決してダメなことではなく、プラスの面でもあるけれども、場面によって困ることがある。だから、工夫することを一緒に考えて、「こうすればできた！」という達成感を積み重ねていくようにします。子ども自身が気づいて、頑張って、やれるようになることが大切です。そのためにも、「子どもの行動を褒める」「話す」だけでなく、子どもが何か話し始めたら、「じっくり聞く」時間をもってあげてください。

また、本人が抱えている特性は「治す」のではなく「活かす」「そのままで大丈夫」という考え方を、幼い頃から教えてあげてください。こだわりや不注意などが生活に影響を与えていても、時間はかかるかもしれないけれど切り替えができて、本人も好きな時間がありリフレッシュできているようなら、そのままでもいいと思います。

よくいわれることですが、世界的に活躍する成功者のなかには、ＡＤＨＤやＡＳＤの人がたくさんいます。ＡＤＨＤの人には、次から次へとアイデアが浮かび、多角的な事業を成功させる人が多いですし、ＡＳＤのこだわりを活かし、ものづくりや精密さを要求される仕事で一目置かれる人もいます。ＬＤで字が読めなくても俳優として活躍する人、感覚の過敏さを克服して芸術家として大成している人もいます。もちろん、誰もが世界を舞台に活躍できるわけではありませんが、日常の生活のなかで、良いところを伸ばし、苦手な部分を別の方法で補う術《すべ》を獲得すれば、大人になったときに十分に社会で実力を発揮できるのです。

クラスメイトに障害を開示するタイミングは、子どもが自分の特性を理解し、周囲に助けてもらいたいと思ったときがよいでしょう。周囲にはサポーターになってくれる人がいることを伝え、まず、先生、子ども、親で話す場をつくります。どのような手助けがあればうまくいくのか具体例をいくつか挙げ、それをクラスメイトに話してもよいか、必ず本人の意思を確認してください。

クラスメイトの保護者に対しては、保護者会で先生から説明をしてもらうほうが自然な流れで伝えることができます。親からは、苦手が多く成長の仕方がほかの子と少し違うことを伝えます。教室の座席や使う道具で配慮を求めている場合は、ほかの保護者にも知っておいてもらうと、のちのちのトラブルを避けられます。

⑩自分自身にご褒美を与える〈自分が頑張っていることを認める〉

児童精神科医療に携わる人間として、ペアトレやＳＳＴに参加している親、病院に受診している親からたくさんのことを学ぶことができました。「本当にいつも頑張っておられる」「親の頑張りが、この子を成長させている」と何度感銘を受けたことでしょう。苦手を克服して、自分らしさを伸ばして、いきいきと成長していく子どもの姿に、何度もパワーをもらいました。ハートランドしぎさん子どもと大人の発達センターは、専門職の集まりです。医師だけでは何もできません。作業療法士、心理士、看護師、ソーシャルワーカー、そして医事関連事務職などのチーム体制で子どもたちと関わっています。一人の子どもを理解して、応援していくためには、多くの専門知識や技量が必要なのです。

親は、これらの専門知識を学び、わが子に最適なオーダーメイドとして、毎日の生活のなかで、子どもと関わっています。子どもにとって、最大の理解者かつ応援団代表ですが、休みも給料もありません。夫婦や家族間でのねぎらいの言葉、子どもからの感謝の言葉は、忙しくて当たり前のように過ぎ去っていく毎日のなかで、「思っていても伝えられない」ということも多いと思われます。

発達障害は、「生活障害」といわれるほど、日常の生活に苦労することが多くありますが、「(周りから)見えにくい障害」ともよくいわれます。一見できそうに見えて、実は本人はとても苦労していることが周りには伝わりづらいのです。精一杯頑張っているので、できるときもありますが、できないときもあります。そのようなムラが、「怠けている」と誤解されたり、「親は何をしているのか」と責められたりしてしまいます。愛情をもって熱心に子どもと関わっている親だからこそ、焦り、悩み、自分を責めてしまうことに陥りがちです。

そこで私たちからお願いがあります。子どもが頑張っていることを認めているわけですから、どうか自分自身の日々の頑張りも認めてください。子どもの成長には年単位で時間がかかりますし、日々接していると見えづらい面もありますが、本人に合った接し方を継続することで、子どもは本来もっている「生きるチカラ」を伸ばして、必ず成長していきます。日々、子どもに笑顔で接することで、「子どもの笑顔」という最高のご褒美が得られるはずです。さらに、好きなものやお出かけなど、目に見えるもので自分にご褒美を与えることもぜひやってみましょう。ペアトレのなかで、頑張って目標達成できたときにトークンを子どもに贈ることがありますが、「おいしいスイーツを食べに行く」など、子どもも、自分も嬉しいご褒美を設定して、親子で楽しく頑張っている方もいました。親は子どもにとってなくてはならない最高の存在なのです。

「こうすればできた！」という小さな成功を親子で一緒に喜び、達成感を積み重ねていくことで、親子でセルフエスティームを伸ばしていくことができるのです。

第6章

その子に合った「かかわり方」と「工夫」で子どもの人生は「その子らしく」輝く

大人になって発達障害と診断された人の多くは、他人と自分との間になんとなく違和感をもちながらも、努力を重ねてきています。人とのコミュニケーションがうまくいかない、仕事の約束が守れない、社会的マナーが分からないなどによって、努力の対価に合わない苦労にさいなまれて、子どもと大人の発達センターを受診されます。現在大人になっている彼らが子どもの頃は、今のように公的な支援もほとんど受けられず、発達障害のある子どものためのトレーニングも一般的ではありませんでした。

しかし、本書でも紹介したとおり、ここ20年で発達障害のある子ども、大人が社会を生き抜くための心理社会的治療が実施され始めて、その効果の高さが立証されてきています。特に、ＳＳＴ、ペアトレ、そして感覚統合療法は、各々の専門プログラムの良さが相乗効果で子どもたちの成長に良い影響を与えていると実感します。

本章では、発達センターで実際に専門プログラムを受けた親子5組の事例を、本人と親の了承のもとにお伝えします。実際のインタビューに基づき、事例の本質を損なわない範囲で、個人が特定されないように一定の改変を行いました。発達障害のある子どもを育てる親や子ども自身にとって、明るい未来を描くための指標となれば幸いです。

家族の「褒め言葉のシャワー」が多動と衝動性を和らげた

悠馬くん／小5

・家族：父、母、姉2人、妹1人
・診断：ASD＋ADHD
・困りごと：（幼少期）多動、感覚過敏、言葉の遅れ
　（小学校）感覚過敏、予定の変更に弱い、気持ちを言葉にできない
・プログラム：ペアトレ、SST、感覚統合
・成長ポイント：集中力がついた、力の加減ができるようになった、パニックがなくなった

とにかく多動だった悠馬くん。幼児期、外では手をつないでいないと必ずどこかへ行ってしまい、姉の幼稚園の園庭では、雨のなか裸足で外を走り回っていたこともありました。

そんな様子を見た園長先生が、あるときお母さんに「弟くんのこと、気になりませんか？」と声を掛けたそうです。また、妹の1歳半健診のときには、保健師から「お兄ちゃんの悠馬くんの落ちつきのなさが気になります」とも言われました。確かに、言葉が遅く、友達と遊ぶのが苦手など気になる点はありましたが、弟姉妹で男の子が悠馬くんだけということもあり、この段階では受診には至りませんでした。

しかし、3年保育の幼稚園の面接で多動を指摘され病院に行くと、発達障害との診断。園長先生に報告すると、「テレビをどれくらい見せていますか?」と聞かれました。当時は下の子がまだ1歳で、子守り代わりによくテレビをつけていたそうです。すると、園長先生から「2カ月間テレビを見せないでください。それが守れたら入園を認めます」と言われました。

お母さんは覚悟を決め、弟姉妹皆の協力を得て、テレビはもちろんゲーム類も禁止し、映像と無縁の生活を送らせることにしました。テレビを見たがるときは公園に連れて行き、家では家族でトランプやボードゲームをして過ごしました。3食の時間を守り、毎晩7時には寝かせる。悠馬くんが寝たあと、上の2人には短時間テレビを見せて納得させていたそうです。

最初はトランプやボードゲームで負けると大騒ぎすることもありましたが、毎日続けていると「勝つ日もあれば、負ける日もある」ことを理解し始めます。また、1カ月を過ぎた頃から、ブロックやビーズなど座ってじっくり取り組む遊びができるようになり、園長先生との約束から2カ月後、無事に入園の許可をもらいました。

幼稚園に入ると、靴下の縫い目を嫌がるなど感覚過敏が顕著になりました。縫い目が気にならないよう裏返しで履かせると、今度は見た目が気に入らないと言うのです。制服の感触も気に入らないようで園長先生に相談すると、「ほかの刺激を入れている間に着替えさせてみてください」と助言がありました。

そこで、小さな飴玉を口に入れ、その隙に着替えさせてみたところ、なんとか着てもらえるようになったそうです。

「今、思えば、感覚統合療法の一つだったと思います。園長先生が発達障害について熱心に勉強されていたので、いろいろ教えてもらうことができ、助かりました」

この頃、母親はペアトレを受け「褒める」技術を学んでいました。父親や姉2人も、母親の声掛けを真似るようになり、悠馬くんは「褒め言葉」のシャワーをたくさん浴びて育つことになります。

このように、幼稚園時代は適切なサポートを受け順調に成長していた悠馬くんですが、小学校に入ると環境が一変します。マンモス校で生徒数が多く、配慮をお願いしてもなかなか先生からのサポートは得られませんでした。

「できないことはしなくていい、邪魔をするなという雰囲気でした。給食当番のときに着る長袖の白衣の感触が苦手だったので、袖のないものを作って持たせたいと申し出たのですが、却下されてしまいました」

結果、給食当番も係の仕事もさせてもらえず、友達との交流が減り、自閉傾向が強くなっていきました。自分の気持ちを表現できずにパニックを起こすことも増え、母親は何度も学校から呼び出しを受けるようになったそうです。

ちょうどその頃、父親の転勤が決まり3年生から奈良県に引っ越します。両親は何校も小学校を見て回り、少しでも理解のあるところを探して、その近くに住むことを決めました。しかし、それまでの学校でコミュニケーション経験が不足していた悠馬くんは、うまく新しい友達をつくることができず、不登校気味になります。

その後、知人の紹介で発達センターを受診した悠馬くんは、すぐに感覚統合療法を開始しました。力加減が苦手だったのですが、徐々に力のコントロールができるようになり、以前は力いっぱい母親の肩や背中を叩いて呼んでいたのが、「軽く」触って呼ぶことができるようになりました。また、力だけでなく気持ちもコントロールできるようになり、イライラしたときの衝動的なパニック行動も少なくなっていったのです。

同時に、母親も発達センターでペアトレに参加しました。人生で二度目のペアトレの感想を母親はこう述べています。

「小さい頃のペアトレとは違う部分がありましたし、声掛けの仕方や、褒めるタイミングなど、『ああ、そうだった』と思い返すこともたくさんありました。ペアトレは一度だけでなく、何度も受けることが大切だと感じました」

悠馬くんは5年生からはSSTにも参加し、6人のグループでコミュニケーションスキルを学んでいます。習ったスキルを用いての遊びでは、その高い運動能力を活かして、スポーツマンシップに則り活躍してくれています。SSTでは、毎回勉強したことを学校で試すという宿題が出るのですが、「自分の行動を顧みる」ことが少しずつ、着実にできるようになってきています。

▶Doctor's Eye

４人の子育てで大変ななか、両親はテレビを見せない工夫やペアトレの参加など、悠馬くんにとって良いと思われることを積極的に取り入れてきました。テレビが発達障害のある子どもの成長にどう影響するかは医学的には証明されていませんが、一方的な情報が頭に入ってくるだけのツールではコミュニケーション力や社会性を育てることはできません。家族で過ごす時間を大切にし、会話をたくさんさせたご両親の取り組みはすばらしいと感じます。

この家庭は、母親だけでなく、父親の悠馬くんに対する接し方も一貫しています。例えば、飛び出しなどの危険な行為をしたり、スーパーで突然走りだしてしまったりしたときに、「今のは良くなかったよね。どうすればよかったか一緒にやり直してみよう」と、悠馬くんの手を引き、一緒に行動のやり直しをさせているそうです。二度にわたってペアトレを受けた母親が、父親にも悠馬くんにとって大切な「接し方」を、上手に伝えて、夫婦で協力して頑張った結果だと思います。

ペアトレと感覚統合療法で、自分の気持ちを言葉にできるようになった

斗真くん／小2

- 家族：父、母、姉（小6）
- 診断：ＡＳＤ
- 困りごと：（幼少期）言葉の遅れ、友達に興味を示さない、かんしゃくを起こす
（小学生）語彙が少ない、気持ちを言葉にできない、独自のルールへのこだわり
- プログラム：ペアトレ、感覚統合
- 成長ポイント：人の気持ちを察するようになった、してほしいことを、言葉で表現できるようになった

1歳半健診では、歩けず、言葉もほとんど出ていなかった斗真くん。しかし保健所からは「発達検査を受けるには低年齢過ぎる」と言われ、しばらく様子を見ることにしました。2歳を過ぎるとこだわりが強まり、「電気は自分がつける」「テレビのリモコンは自分が操作する」など、譲らないことが増えてきました。思いどおりにいかないと、些細なことでも泣きわめき、大人に対して噛みつくこともしょっちゅうでした。

保育園に入園しますが、友達と一緒に遊ぶことはありません。保育士の勧めで、3歳半のとき

に初めて病院を受診します。診断はＡＳＤ。すぐに感覚統合療法を開始したところ、作業療法士からは「身体と脳の動きが合っていない」と言われ、指示に従ってアスレチックなどの遊びを伴う感覚統合療法を半年間行いました。

当初、感覚統合療法に行く前は嘔吐してしまうなど、とても嫌がっていた斗真くんですが、慣れてくると「できる」ことが楽しくなってきたようで積極性が表れてきました。

小学校入学のタイミングで母親は「親の会」に入会し、そこで知り合った人の勧めで、夫婦で発達センターのペアトレに参加することにしました。ペアトレの感想を母親は次のように話しています。

「本を読んで『褒めて育てる』ことが大事だとは理解していましたが、実際、褒めるポイントや声を掛けるタイミングはまったく分かっていませんでした。ペアトレを受けるまでは『泣く』『キレる』という言動に対して、叱るかなだめるかのどちらかでしたが、それは親の都合で叱っていただけだと分かりました。困った言動の前に何があったか、その後どうなったかを観察してみると、斗真なりの原因があり、彼も困っていることが理解できました」

ペアトレで親に課せられる宿題をスタートすると、母親は斗真くんのある行動に気づきました。それは、疲れているときに「次の指示」を出すとイライラしがちだということです。そこで実践したのが、学校から帰宅した直後に学校のことを聞かない、宿題もさせないという方法です。「疲れたよね、おやつ食べようか？」「リフレッシュに15分だけゲームしたら？」「ちょっとゴロゴロする？」と、気持ちを切り替えるきっかけをつくるようにしたのです。

「勉強の遅れを恐れて自宅学習に気を取られていましたが、小学校という新しい環境で斗真はとても疲れていたのだと思います。そうした気づきをペアトレのなかで発表すると、先生からは『それでいいです』と共感してもらえますし、別の角度からの接し方があるときには指導もしてもらえました。親の行動や気持ちをアウトプットできる場があるだけでもありがたいのに、ペアトレは親も成長させてくれるすばらしいものでした」

斗真くんは2年生になってから、発達センターで感覚統合療法を1クール（半年間）受けました。その半年間で斗真くんのコミュニケーション能力が目に見えて高くなったと母親は感じています。

それまでの斗真くんは人にしてほしいことがあっても、「自分が」やりたい、欲しい、できないなどと、自分が主語の言葉しか発していませんでした。ところが、感覚統合療法を始めてから、「取ってほしい」「手伝ってほしい」など、お願いをする言葉が出てきたのです。

「人の気持ちを確かめようとする言葉も出てきました。斗真が強い言葉で私をなじったので無視していたら、『お母さん、嫌な気持ちになった？』と言ってきたのです。『そうだね、トゲトゲした言葉を言われて悲しかった』と答えると、『ごめんね、お母さんが宿題のことしつこく言うから面倒くさくなったんだ。でも宿題やるね』と。昔はそんな言葉が出るとは想像もできなかったので、とてもうれしかったです」

最近では積極的にお手伝いをしたり、母親が疲れた表情をしていると肩をもんでくれたりと、斗真くんが本来もっていた優しい性格が実際の行動につながるようになってきました。友達の輪にも少しずつ入れるようになり、学校が楽しくなったと斗真くん自身も語っています。

▶Doctor's Eye

親の会とペアトレに両親はたいへん熱心に参加し、そこで得た知識を、日常生活にフィードバックされていました。

学校から帰って来たら何をするか、玄関には大きな字で「ただいま、靴をぬぐ、靴をそろえる、手を洗う」と書かれた紙を貼り、部屋には斗真くん用のスケジュールボードがありました。「宿題」「明日の学校の準備」「おやつ」「夕食」「お風呂」「歯磨き」など、帰宅してからやるべきことがマグネットで貼ってあり、終わるとボードから外す仕組みです。

真っ白になれば、その日のタスクは終了。平日用と休日用の2種類を用意し、休日はのんびり過ごせるような工夫もしてありました。

また、週の予定を表示したボードも設置してあります。ＡＳＤのある子どもは、前もって予定が分かっていると安心しますし、斗真くん自身がやるべきことを一つずつクリアしていく楽しみと達成感を味わえるよう、好きなキャラクターの装飾がなされています。ボードを作った両親の作戦が功を奏した例でしょう。

両親は感覚統合療法でコミュニケーション力が高くなったと感激していました。感覚統合を行うことで、自分には何ができて、何ができないのかが明確になり、自分にできないことを人にお願いできるようになったのだと思います。また、相手の様子をよく見るようになったことで、母の様子を気遣ったりできるようになったのではないでしょうか。併せて、ペアトレのなかで、母親が自分で気づいて行ったという、「下校時は疲れているからリラックスする時間をもってから、宿題などに取り組む」というアイデアはすばらしいです。本人の気持ちに共感し、どうしたいかを本人に聞いてあげています。専門知識と経験豊かなスタッフと母親、父親との共同作業がなければ、短期間で大きな成果を出すのは難しかったかもしれません。

兄弟そろって感覚統合療法を受け、コミュニケーションスキルをアップさせた

兄の雄大くん／中1　弟の拓海くん／小3

- 家族：父、母
- 診断：雄大くん／ＡＤＨＤ　拓海くん／ＡＳＤ
- 困りごと：

雄大くん／（幼少期）落ちつきがない

（小学校）注意欠如、集中力がない、場にそぐわない言動をする
拓海くん／（幼少期）あまりしゃべらない、記憶力に欠ける、怪我をしやすい
（小学校）いつもぼーっとしている、動作が独特、運動が苦手

・プログラム：雄大くん／感覚統合、ＳＳＴ　拓海くん／感覚統合

・成長ポイント：
雄大くん／衝動性が抑えられるようになった、姿勢が保持できるようになった
拓海くん／怪我が減った、キャッチボールができるようになった、記憶力が良くなった

兄の雄大くんは幼稚園までは「元気が良過ぎる男の子」でしたが、大きなトラブルはありませんでした。人懐っこく、人見知りせず、誰にでも話し掛けるような子でした。

しかし、小学校に入った頃から、注意力散漫な様子が顕著に見られるようになります。毎日忘れ物をする、並ぶことができない、しゃべってはいけない場でしゃべってしまう、気に入らない授業では教室を出て行ってしまうなど、本人には悪気がないのに叱られる状況が続きました。

２年生になっても状況が変わらないため、学校の勧めで発達検査を受けることになりました。受診した小児科では、ＡＤＨＤがメインだがＡＳＤの傾向もあると診断されますが、「小学校２年では遅過ぎる。今からでは投薬以外やれることはない」と一刀両断されてしまいます。

医師の勧めに沿って衝動性を抑える薬の服用を始めますが、薬量調整がうまくいっていなかっ

たのでしょう、ほとんどの授業で居眠りをし、本人もつらさを訴えていました。この頃、雄大くんには指しゃぶりの癖が強く出ており、口に入れた指で触ることから女子に嫌がられるようになりますが、男の子の友達とは仲良くできていたようです。

弟の拓海くんは、兄とは正反対のタイプで、小さい頃から口数が少なくおとなしい子でしたが、気に入らないことがあると1時間でも2時間でも泣き続けるところがありました。また、身体の使い方が不器用で運動が苦手。しょっちゅう怪我をしていたそうです。

学習面で目立った問題はありませんでしたが、記憶に苦手さがありました。幼稚園の頃、夕飯の献立を聞かれた母親が「オムライス」と答えると、何度も食べているはずなのに「何それ？　食べたことない」と首を傾《かし》げ、実際にオムライスが出て来ると「ああ、これか」と言うことが何度もありました。旅行の写真を見せても「僕は行っていない。ここは見たことがない」と、泣いて否定することもしばしばだったそうです。ぼーっとして参加していたことは記憶として残りにくかったのでしょう。

母親は、兄の雄大くんが「2年生では遅過ぎる」と言われた経験から、拓海くんのときには小学校1年生に上がってすぐ初診を受けることにしました。

初診では拓海くんは身体の使い方が独特で、姿勢の保持や歩き方にも特徴が感じられました。母親に聞くと、怪我が多く、股関節の痛みを訴えることがたびたびあるといいます。行動観察をしてみると、足の使い方に問題があり、着地した衝撃が直接股関節に伝わることで痛みが出ていると考えられたので感覚統合療法を開始しました。

当初はキャッチボールがまったくできず、バランスを取ることも苦手でしたが、トランポリンやブランコ、ボルダリングを使ったトレーニングを続けると、歩き方や座る姿勢に変化が見られました。学校では、板書やノートのマス内に文字を書くこと、漢字を正しく美しく書くことなどが苦痛だったそうですが、感覚統合を行ううちに楽になってきたと本人は言います。

同時に、拓海くんは服薬も開始しました。以前は「覚醒」が弱く、授業中に眠ることが多かったのですが、薬を飲むとシャキッとして、授業に集中できるようになり、担任もとても驚いていたそうです。また、問題だった記憶でも良い影響が出始めました。突然、幼稚園のときの出来事を話すなど、埋もれていた記憶が整理されたようだと母親は話してくれました。

一方、兄の雄大くんは最初の病院で「できることがない」と言われて以来、受診をしていませんでした。友達もいましたし、このままなんとかやっていけるだろうと思っていた6年生のときに、SNSを介したいじめを受けてしまいます。ここから「友達はみんな消えてしまえばいい」「もう、学校には行かない」と、不登校が始まってしまいました。

ようやく発達センターを受診した雄大くんは、人間関係に対する不安が強く、人に対してガードするようになっていました。また、さまざまな検査を行ってみると、右側の視野が狭く、目の動きにも問題があることが分かりました。

そこで、拓海くん同様、感覚統合療法を開始すると、楽しみながら意欲的にトレーニングに参加し、みるみるうちに目線の動かし方がすばやくなり、人の表情を読み取る力もついてきました。中学生になってからは、自宅近くで開催されていたSSTの教室に通い、コミュニケーションスキルを学んでいます。「クラスや部活での悩みを、SSTの仲間や指導の先生に聞いてもらえてうれしい」と本人は語っています。

現在、学校には3分の1程度は登校できており、クラブ活動にも参加しています。思春期に入り、反抗的な態度も見られるようになってきましたが、母親は接し方の勉強をしたいとペアトレへの参加を希望しているところです。

▶Doctor's Eye

拓海くんは体幹が弱く、ふにゃふにゃとしていました。そこでブランコに乗ったまま、空気銃で的を狙うゲームや、揺れる丸太にまたがったまま物をキャッチするトレーニングを行いました。目の動きの訓練では、トランポリンを跳びながらボールをキャッチする、ボルダリングで指示どおりに移動するなどの活動を続けてもらいました。

感覚統合を半年間行ったあと、「そういえば最近怪我をしていない」と母親から報告がありました。おそらくトレーニングをする前は、思うように動かせず、自分の身体でありながら別の人の身体のような違和感があったと思います。感覚統合療法では、自分の身体の感覚を把握し、どのくらいの力を入れれば、筋肉や関節がどのように動くかを体験し、日常生活にフィードバックさせています。

兄の雄大くんは、左右の動きや力加減がアンバランスで、天井から吊るした縄につかまってターザンのような動きをさせると、左右どちらかにねじれてしまうほどでした。ジャンプをしても、着地すると左右にズレが生じます。そのため、左右の手足で違う動作を行うのはとても苦手でした。

高学年ということもあり、母親は「遅過ぎて効果が出ないのでは」と心配していましたが、トレーニングによって視野が広がり、左右の力の加減もコントロールできるようになりました。

雄大くんのようにいじめに遭ったり、人に対する不安を感じたりということは、発達障害のある子どもの二次障害としてよくあるものです。決して非があるわけではないのに、いつの間にか「浮いてしまう」「いじめられてしまう」というのは非常に苦しいことです。

高学年になると、周囲も大人びてきて陰湿な嫌がらせを受ける可能性が高まります。親が子どもの苦手を把握し、担任の先生に対して「困ること」「嫌なこと」を伝え、目くばりをお願いする必要があるでしょう。

担任とうまくいかずトラブル続きだった学校生活が、感覚統合療法で大きく変化

英義くん／小4

•家族：父、母
•診断：ASD
•困りごと：（幼少期）思いどおりにならないと噛みついてしまう、友達に興味がない
（小学校）予定の変更が苦手、声の大きさのコントロールができない、友達との距離感がつかめない
•プログラム：SST、感覚統合
•成長ポイント：声のコントロールと力の加減ができるようになった、パーソナルエリア（人との距離感）の把握、同じやり方へのこだわりの軽減

赤ちゃんの頃から首を左右に振る癖があり、常にそわそわ動いている印象があった英義くん。1歳半、2歳、3歳と健診のたびに引っ掛かり検査をしますが、「性格かもしれない」と、あいまいな判定を受け続けます。

しかし、4歳になっても友達と一緒に遊ぶことができず、保育園では思いどおりにならないと、ほかの子を叩いたり、噛んだりなどのトラブルが続いたため病院を受診します。ASDと診断さ

れたため、「何かトレーニングをさせてほしい」と親が医師に相談しますが、毎日の生活だけでも大変なのに、特別な療育をさせる必要はないと言われ、結局はなんのアクションも起こせないまま小学校に入学することになりました。

1年生の担任には発達障害の知識があったためトラブルなく過ごせていましたが、2年生の担任はうまくいきませんでした。普段と違う状況が苦手な英義くんが、教室でパニックを起こすと廊下に立たせたり、声が大き過ぎると叱ってはベランダに出したりなど、考えられないような対応をしていたようです。運動会の練習を嫌がった際には無理やり腕を引かれて怪我をしてしまいました。

両親は「なんとかしなければ」と相談に乗ってくれる病院を探し回り、発達センターにたどり着きました。初診後、すぐに感覚統合療法を開始しました。数カ月後にはＳＳＴにも参加して、両方ともワンクールを終えることができました。

英義くんは体重移動や力加減が苦手で、健常発達の子どもが無意識に行っている動作一つひとつにとても苦労していました。走るのもブランコに乗るのも苦手で、声の大きさのコントロールも難しい状況でした。

そのため、学校では相当疲れていたはずです。感覚統合療法で体重移動の仕方やバランスの取り方を練習していくと、少しずつ身体から余分な力が抜けて、つらさが軽減されていきました。また、一つの方法にこだわる傾向の強い英義くんには、ブロックや積み木を使い、同じ方法でうまくいかないときには別の角度から物を見ることや、違うやり方を選択することを学ぶ練習も行いました。

また、パーソナルエリア（人との距離感）が近いことで友達に嫌がられている面がありましたが、ＳＳＴで「友達との話し方」「友達の誘い方」などの学習を重ねることで、改善が見られるようになりました。母親からは、自分にとっても良い勉強になったという感想を頂いています。

「男女を問わず、クラスメイトに抱きついていたのですが、それがなくなりました。今まで大きな声はダメ、友達に近づき過ぎてはダメと叱ることが多かったのですが、そこには理由があったのだということを、感覚統合療法の先生から教えてもらいました。ＳＳＴでは挨拶や友達にお願いをする練習をしていたのですが、困っているときに『助けて』と言ってもいいということが、英義には驚きだったようです。みんなが自然とやっていることを改めて教える必要があったのだと私が学習しました。幼いときからトレーニングできていたら、もっと良かったのにと悔やまれます」

現在は、親の希望で特別支援学級に籍を置き、苦手な科目や気持ちがつらくなったときには支援学級で過ごすようにしていますが、パニックを起こすことはほとんどなくなりました。自分でつらさや嫌な感情に気づき、クールダウンができるようになっているようです。

母親は早くからトレーニングを受けたいと思っていたのに、なかなか実践に結び付かず、「悔やまれます」とまで話しています。しかし、悔やむ必要はないと思います。なぜならそれまでの家庭での気づき、毎日の生活のなかでの接し方があったからこそ、専門プログラムの効果が出やすかった

▶Doctor's Eye

と推察されるからです。感覚統合療法を開始してからは、母親はさらに熱心に勉強し、家庭でも英義くんへの接し方に工夫をされていたようです。

以前は呼んでも返事をしない、振り向かない英義くんにイライラすることがあったようですが、本当に聞こえていない、気づいていないことを知り、肩を軽く叩いたり、正面から呼び掛けたりするようにしたことで、親子関係が良好になったそうです。

ASDのある子どもは、目と目が合っていても「見ていない」「聞いていない」ことがあります。そのことを周囲が知っているだけで、トラブルはとても少なくなります。両親は今後、ペアトレにも参加して、もっと勉強を続けたいと話しています。

19の資格を取得　ペアトレで接し方を学んだ母親が娘の努力を支えた

沙織さん／21歳

- 家族：父、母、姉、祖父、祖母
- 診断：ASD
- 困りごと：（幼少期）マイペース、集団行動が苦手
  （小学校）ルールが守れない、友達ができない

・プログラム：ペアトレ、就労準備プログラム（成人発達障害ＳＳＴ）
・成長ポイント：親や周囲の大人に認めてもらい、好きなことに前向きになれた、自信をもてるようになった、相手に聞こえる声で話せるようになった

現在、障害者雇用で地方銀行に勤務する沙織さん。フルタイムで働き、プライベートでは大好きな合唱を習うなど、充実した毎日を送っています。

沙織さんは幼い頃から穏やかな性格で、大人の言うことを素直に聞くので好かれるタイプの子どもでした。しかし、子ども同士になると、独特なしゃべり方や間の取り方からか、友達とうまく付き合えず、いじめを受けることがありました。

母親は自分が変わらなければと、沙織さんが中１のときにペアトレに参加。「肯定的な話し方や、気持ちを具体的に言葉で伝える」方法を学び、実践し始めます。しかし、友達とのコミュニケーションは思春期を迎えますます難しくなり、本人が受診したいと親に申し出たそうです。

病院での診断はＡＳＤでしたが、これといった治療やトレーニングはありませんでした。母親はペアトレを思い出しながら、沙織さんと丁寧に向き合う生活を続けていたそうです。

中学では合唱部に入部。県大会での優勝経験もある強豪校でした。歌うことがなにより好きだった沙織さんは、練習は厳しかったけど、部活があったから中学時代を乗り切れたと当時を思い返していました。母親も学習面では強く言わず、好きなこと、できることを伸ばすことが大事だと考えてい

たそうです。学校では特別支援学級に籍を置き、体調の良いときは通常の学級で過ごしていました。

中学卒業後は高等専修学校へ進学。パソコンが得意だった沙織さんは、Ｗｏｒｄ1級をはじめ、データ入力や書類作成などの資格を19個も取得。学校始まって以来、最多の取得数だったそうです。卒業後は、さらに2年間コンピューター系の専門学校に通い、Ｏｆｆｉｃｅマスターや日商簿記の資格を取得しました。

本人が努力家ということもありましたが、中学卒業時に母親が「第九」の合唱を行っているグループへの参加を勧めたことも、沙織さんの前向きな気持ちを後押ししました。大人の多い環境のなかで、かわいがられ、沙織さんは居場所を見つけられたのでしょう。

私たちと沙織さん親子との出会いは、大学で行っていたペアトレに母親が参加したのがきっかけです。母親にとっては二度目のペアトレですが、新たな発見があったと感想を述べています。

「私にとって、沙織は障害者ではなく純粋に娘です。良い子になってほしいと思えば、どうしたって叱ることやガミガミ説教することが多くなっていたのですが、岩坂先生のペアトレで、娘の言葉や行動の良いところに着目して、認める、共感することを学びました。このことは今も、毎日、私自身に言い聞かせながら、沙織と接するようにしています」

その後、沙織さんは発達センターで行っている就労準備プログラム「ＪＯＢｙ（ジョビィ）」に参加します。就労に向けて、基本的な社会マナーやコピー機などの事務機器の使い方、上司や同僚とのコミュニケーションの取り方などを、講義とＳＳＴ、さらに実際の作業体験で学びました。

特に、就労支援施設での実習中、そのパソコン能力の高さにビックリされて、本人も自信をつけていくことができました。そうすると、顔を上げて、相手に聞こえる声で挨拶することもできるようになりました。また、障害者手帳を取得し、就労に向けて着々と準備を進めてきたのです。

そうして、現在は社会人として同期の仲間もいますし、会社では「必要とされる」喜びを感じています。初任給では母親にブランドの定期入れをプレゼントしました。

今後の目標は、フィルハーモニーの先生から、ボイストレーニングの個人レッスンを受けることと、資格のステップアップだそうです。

▶Doctor's Eye

沙織さんは身体の機能面の一部でも病気を抱えており、手術を受けています。病気や障害がありながらも、大好きな歌に情熱を傾け、続けてこられたのは、母親の純粋に娘を愛して「認める」姿勢があったからと感じます。発達障害のある子どもの親は、どうしても「できない」部分に目がいってしまい、できるようにすることを優先しがちです。しかし、沙織さんの母親は「できないことはサポートを受ければいい。できることで人の役に立ってほしい」と考えていました。ペアトレで学んだことを、常に意識してくれていたようでうれしい限りです。

小学生の頃からパソコンに触るのが好きだった沙織さんは、母親の「すごいね、上手だね」という褒め言葉のシャワーをたくさん浴びて育ちました。肯定される環境で育った子は、発達の偏りがあっても、自立した大人になっていきます。

また、JOBYでは挨拶や質問の仕方など、就労してからの実践的な演習を行い、実習にも行ってもらいました。PCについては本人の努力によって、大きな自信をもてたことも就労につながった大きな要因でしょう。

沙織さんの就職が決まったときには、JOBYスタッフも一緒に大喜びしました。今後は、沙織さんのように就労支援を受けて、自立への第一歩を踏み出す人が増えていくと思います。就労支援は福祉機関やNPO法人が担い、各地で行われています。就職先を見つけるためだけでなく、働き続けるスキルを学ぶためにも、医療機関も積極的に連携していきたいと思います。

おわりに

子どもは、成長して大人になります。成長の仕方はさまざまで、その子なりに得意と苦手、好きなことと嫌いなことがあるのは当たり前です。むしろ、そのような凸凹があるからこそ、失敗したり、成功したりのワクワクした人生を送ることができるのではないでしょうか。

このように書くと、「発達障害」という周囲からは見えづらい障害がありながら本人も親も一生懸命に日々頑張っている方から、「じゃあ、いったいどうすればいいんだ」「この子、そして家族の生活の大変さを分かってもいないのに、勝手なことを言うな」などと、叱られるかもしれません。

まったくそのとおりです。本からの情報は一方向の情報提供となりがちであり、読み手からすると役立つ部分と役に立たない部分が混在しています。そのような弱点を克服するために、本書で工夫していること、強みは3つあります。

1つ目は、「気づき=どうしてなの?」を基に、適切な接し方が提案されていることです。「なんでこのような行動を取るのだろう」と悩んでいた親が気づきを得られることで、より本人の困り具合に沿った接し方ができるようになります。そのような接し方を通じて、できたことを褒められることが繰り返されることで、子ども自身も気づきが得られるようになって、モチベーションをもって取り組むことができ、達成感を得られます。

2つ目は、発達センターで行われているソーシャルスキルトレーニング（SST）、ペアレントトレーニング（ペアトレ）、そして感覚統合療法という治療・支援効果が実証されている専門プログラムのノウハウを活かして、適切な接し方をチャレンジできるということです。通常、医療の場で行われる専門治療の弱点は、「非日常の場（病院）でできたからといって、日常生活の場（家庭、学校など）でできるとは限らない」ということです。

でも、心配ありません。私たちが取り組んできた専門プログラムは、「日常生活の場でもできるようになる」ことを目指して、工夫を重ねて構築されたものです。「本人の気づきを促す、親が自身の頑張りを認める、今やっている取り組み（接し方）を一定期間は継続する、『褒める』ことを続ける、『達成感』を共有する、楽しく実施する、必要時に周囲からのサポートをためらわない」、これらを続けることで、必ず日常生活での困りごとが減って、できることが増えてきます。また、発達センターで大切にしていることは、「子どもが安心して失敗できる場でありたい」「この子のことをもっと知りたい」「いつも頑張っている親が安心して弱音を吐ける安心安全な場でありたい」「小さな成功を一緒に喜びたい」、そして笑顔と感謝です。ぜひ、適切な接し方の効果を上げるためにも、家庭でこのような環境をゆっくりとつくり上げていってください。

最後に3つ目は、「二刀流」です。私は児童精神科医師として、発達障害のある子どもへの心理社会的治療（特にSSTとペアトレの開発と普及）に20年以上取り組んできました。その際に最も大切にしてきたことは、「日常生活でできることを増やす」ために、専門家目線と本人目線で、「小さな成功を一緒に喜ぶ」ことです。このような目線が、本人と家族のQOLの向上につながると信じていたからです。

しかし、私の「本人目線」はまだまだ甘いものでした。2019年5月、胆管がんが見つかりました。診断告知を受けたときではなく、7月に「根治手術は無理」として余命1年の宣告を受けた頃から、景色が変わりました。真っ暗になるわけではありません。周りの人が動くスピードと自分のスピードが異なるのです。見え方、聞こえ方が均一ではなくなるのです。「当たり前」ができなくなったことで、輝いて見えるものが増えて、日々のちょっとしたことに感謝できて、幸せな気持ちにもなれます。もちろん、イライラもしますし、声が届かずに拗ねて黙り込んだり、「できないんだ」と弱音を吐いたりしたこともあります。しかし、恵まれた環境のなかで日々を重ねていくことで、「これだけ身体がしんどいのだから、気持ちもイライラするだろう」と開き直りますし、「今の自分にはいったい何ができるのだろう」という問いに対し、「今の自分にできることをすればいい」と考えられるようになりました。そうして、いつの間にか2年を越えました。それまでの50数年より、何倍もの「ありがとう」が言葉で出ました。

自分が「医者と患者の二刀流」となって初めて、これまでの「本人（患者）目線」は、あくまでも「本人目線のつもり」だと気づかされました。つまり、発達障害のある子どものもつ生活のしづらさ、気持ちは、本人でなければ分からないものです。それはおそらく、最大の理解者である親であっても同じでしょう。

では、本人理解のためには、親や周囲の人はどうすればよいのでしょうか。二刀流といいながら、限りなく患者目線の答えですが、「知ろうとし続ける（そっと見ている、話を聞く、寄り添う）」「認める（あなたはあなたのままでいい、今日も一日頑張ったね）」「大丈夫！」が、うれしいです。幸せな気持ちになりますから。もちろん、本人や周囲の人が、「一日も休まずに頑張っている家族をねぎらうこと」、それは家族だけでなく、本人にとっても最も大切なことです。

本書は、この二刀流目線を加えて、全編を見直し、書き起こして完成したものです。幻冬舎メディアコンサルティング担当者の皆さま、ありがとうございました。企画から完成まで温かく応援いただいた一般財団法人信貴山病院竹林和彦会長、竹林由浩理事長、ハートランドしぎさん徳山明広院長、吉本國通様はじめ、熱いハートでいっぱいのハートランドしぎさんの皆さま、一緒に発達障害のある方への支援に取り組む発達センターの仲間、親友でもある上野病院平尾文雄院長、盟友宮﨑義博先生。研究仲間、高校柔道部をはじめとするかけがえのない友人たち。一人だったら、とっくに白旗でした。本当にありがとうございました。そしてなによりも、病から執筆を諦めそうになるのを励まして命の炎を支えてくれてきた最愛の家族である妻、長男、次男へ。「ありがとう」「大丈夫、あなたらしく、輝いているよ」「ずっと見守っています」。

本書を通じて、日々頑張っている発達障害のある子どもとその家族の笑顔がさらに輝き、永く長く幸せな人生を楽しまれることを心から祈念します。
Be different! Smile! Thank you.

2021年9月11日

岩坂英巳

私が岩坂先生と出会ったのは、20年ほど前になります。私が行っていた感覚統合療法を見て、アメリカから帰って来られたばかりの岩坂先生は「アメリカではやっていたけど、日本でもやっているんやね。日本も遅れてないよ、すごいなあ」と褒めてくださいました。今考えると、そんなにすごくなかったと思いますが、当時の日本では感覚統合療法があまり注目されておらず、細々とやっていた私はとてもうれしかったことを今でも覚えています。その後、岩坂先生から「一緒にＳＳＴやろう」と誘っていただきました。ＳＳＴプログラムのなかでも「〇〇しててすごいね」と褒めていただき、私は気分よく結局20年近くＳＳＴを行うことになりました。岩坂先生が奈良教育大学に異動されたあとには、人前に出るのが苦手な私を研修会講師として誘ってくださり、「そんなやり方があるんやね、すごいね」とまたまた褒めていただきました。「もしかしたら僕ってすごいのかな」と勘違いした私は、その後、たくさんの研修会講師を行うことになりました。岩坂先生に誘っていただき、ＳＳＴ研修会の講師として沖縄へ出向き地元の皆さんと酒盛りをしたり、全国の大学を回ったりしながら、ＳＳＴの知識を身につけることができました。岩坂先生とともに震災後の気仙沼を訪れ、震災の傷跡が残る地域の家庭や学校を回るなかで、私はたくさんの子どもたちと遊びました。私が子どもと遊ぶ様子を見て「そのおもちゃそうやって使ったら〇〇が分かるよね。すごいなあ」とその場で褒めていただいただけでなく、居酒屋でも一緒に温泉につかっているときにも、褒めていただきました。調子に乗った私は、今では地域の園や学校を回る仕事をしています。

私にもたくさんの欠点があったと思いますが、岩坂先生から「〇〇ってすごいね」と私の良いところを具体的に挙げながら褒めていただいたおかげで、私は自分の得意な部分に気がつき、自信がつき、成長できたのだと思います。これは、ひょっとしてペアレントトレーニングの手法だったのかな、と最近では思っています。

SST、ペアレントトレーニング、感覚統合療法の考え方は、発達障害のある方々の生活を過ごしやすくするだけでなく、広く一般の方々の人生にもお役に立てる考え方であると思います。SST、ペアレントトレーニング、感覚統合療法、それぞれ一つの考え方だけでは限界があると思いますが、本書では3つの考え方を掲載していますので、3つの考え方を使い分け、あるいは合わせていただくことで、多様な場面に対応できると思います。

岩坂先生はご病気になられたあとも、私に対して「すごいなあ」と笑顔で話してくださっています。コミュニケーションが苦手、感情コントロールが苦手など、皆さんそれぞれに苦手なことがたくさんあると思います。苦手なことをなんとかしようとするのも大切ですが、一人ひとりの「すごいなあ」を見つけて、一人ひとりの「すごいなあ」を『生かして』『活かして』いくことのほうが、とても大切なことであるように思います。

一人ひとり、お互いの『違い』を「すごいなあ」と認め合い、一人ひとりがいきいきできる世の中を目指していきたいですね。

2021年9月12日

宮﨑義博

本稿を執筆中の2021年11月6日、著者の岩坂英巳は闘病の末、永眠。

【著者プロフィール】

岩坂英巳（いわさか・ひでみ）

児童精神科医師

ハートランドしぎさん「子どもと大人の発達センター」センター長。1987年奈良県立医科大学卒業。奈良県立医科大学講師、米国 University of California、Los Angeles（UCLA）留学後、奈良県心身障害者リハビリテーションセンター（現・奈良県総合リハビリテーションセンター）精神科医長、国立大学法人奈良教育大学教育学部教授（奈良教育大学特別支援教育研究センター長兼務）を経て、2016年4月より信貴山病院勤務。2021年11月、本稿執筆中に闘病の末没。

宮﨑義博（みやざき・よしひろ）

作業療法士

京都教育大学教育学部情報数学科、京都大学医療技術短期大学部作業療法学科卒業。奈良県総合リハビリテーションセンター、奈良県障害者総合支援センター、ハートランドしぎさん「子どもと大人の発達センター」室長を経て、2020年4月よりフリーランスの作業療法士。感覚統合療法、SST、幼保、小中学校の巡回相談、乳幼児健診、療育教室、就労支援、大学、研修会講師を行う。

本書についての
ご意見・ご感想はコチラ

「うまくいかない」ことが「うまくいく」に変わる！
発達障害のある子どもがいきいきと輝く「かかわり方」と「工夫」

2021年12月27日　第1刷発行

著　者　　岩坂英巳　宮﨑義博
発行人　　久保田貴幸

発行元　　株式会社 幻冬舎メディアコンサルティング
〒151-0051　東京都渋谷区千駄ヶ谷4-9-7
電話　03-5411-6440（編集）

発売元　　株式会社 幻冬舎
〒151-0051　東京都渋谷区千駄ヶ谷4-9-7
電話　03-5411-6222（営業）

印刷・製本　瞬報社写真印刷株式会社
装　丁　　小野里恵
イラスト　　根津あやぼ

検印廃止

Printed in Japan
ISBN 978-4-344-93225-8 C0037
幻冬舎メディアコンサルティングＨＰ
http://www.gentosha-mc.com/